Designing and Using Mathematical Tasks

수학 과제의 설계와 활용

존 메이슨 · 쉬 존스턴 와일더 지음

권오남 · 박정숙 · 박지현 · 오혜미 · 이지연 · 조형미

오국환 · 김유정 · 김은지 · 조미혜 · 김영기 옮김

KM 경문사

수학 과제의 설계와 활용

지은이 존 메이슨·쉬 존스턴 와일더
옮긴이 권오남·박정숙·박지현·오혜미·이지연·조형미
오국환·김유정·김은지·조미혜·김영기
펴낸이 조경희
펴낸곳 경문사
펴낸날 2015년 9월 10일 1판 1쇄
등 록 1979년 11월 9일 제313-1979-23호
주 소 121-818, 서울특별시 마포구 와우산로 174
전 화 (02)332-2004 팩스 (02)336-5193
이메일 kyungmoon@kyungmoon.com

값 13,000원

ISBN 978-89-6105-715-8

옮긴이의 말

이 책은 수학적 사고에 대한 연구로 독보적인 위치를 차지고 있는 존 메이슨(John Mason, 영국 개방대학) 교수의 대표적인 저서 중 하나이다. 메이슨 교수는 조합론으로 1970년 미국 매디슨 위스콘신 대학에서 박사학위를 받았다. 그 후 25년 동안 영국 개방대학의 수학교육센터를 이끌며 다양한 교육 프로그램을 운영하였고, 수학 교수·학습 방법, 수학적 사고력을 신장시키기 위해 교사와 학생을 지원할 수 있는 방법 등을 꾸준히 연구해 왔다. 또한 그는 수학교사와 대학 수학교육을 위한 다양한 저서를 집필하였다. 특히 1982년 그의 저서 《Thinking Mathematically》는 영국에서뿐 아니라 세계 여러 나라에 번역되어 수학교육 연구자는 물론 일반인을 위한 추천 도서로 자리매김하고 있다. 국내에서도 이미 《수학적 사고 길들이기》이라는 제목으로 번역되었다.

이 책을 번역하게 된 동기는 2012년 11월 서울대학교에서 개최된 메이슨 교수의 〈문제해결과 수학적 사고〉에 대한 워크숍에 참여한 참여자들의 요구에서 비롯되었다. 수학이 단순히 주어진 문제를 해결하는 것으로만 느끼는 우리 수학 교육환경에서 과제를 설계하고 적절히 활용하는 교수 활동을 통해 학생들의 사고를 어떻게 발전시킬 수 있는가, 교사와 학생이 과제를 대할 때 어떤 것을 알고, 어떤 노력을 해야 하는가를 워크숍을 통해서 가슴 깊이 배울 수 있었다. 이 워크숍에서의 감동을 고스란히 전하고자 하는 바람으로 시작한 작업이었으나 좀 더 친근한 우리 언어로 그 감동을 전하고자 번역하는 데에 2년 이상의 시간이 걸렸다.

메이슨 교수는 이 책을 통해 수학 과제의 제작과 활용에 있어서 다양한 층위를 제시하고 이를 학습의 문제와 연동하여 사고함으로써 가르침의 핵심을 밝히는 데 기여하고자 했을 것이다. 아무쪼록 이 번역본이 국내에서 학습자와 교수자의 상호작용을 활성화할 수 있는 교수법을 개발하는 데에 도움이 되길 희망한다.

마지막으로 인내심을 가지고 편집작업을 마다하지 않은 경문사 편집진에게 감사드린다.

2015년 6월
옮긴이를 대표하여
권오남

한국어 번역본을 내며

이 책은 본래 2004년 개방대학(Open University: 영국의 방송대학으로 세계 방송대학 중 가장 수준 높은 교육프로그램을 운영한다.)의 석사과정에서 교사를 위한 강의자료로 만든 것을 한데 묶은 것이다. 자료 개발의 목적은 지난 25년간 개방대학 수학교육센터에서 개발하고 진행되어온, 수학 과제를 설계하고 이용할 수 있도록 다양한 사고법을 한데 모으는 데 있다.

이 책의 기본 구성 중 가장 중요한 부분은 학습자가 듣고 관찰하거나, 연습하고 실습하거나 또는 탐구하고 통합하는 활동을 할 수 있는 과제를 교사들이 제시할 수 있도록 하는 것이다. 교사가 과제를 제시하는 목적은 학생들이 개념과 과정을 이해하고 과제를 다루는 기술을 숙달하게 하기 위함이다. 이때 과제는 활동을 이끌어 낼 수 있어야 하고, 활동을 통해 경험이 일어나야 한다. 경험은 학생들끼리 또는 교사와의 상호작용을 통해 고조되고 집중되며, 학생들의 학습을 이끌어 낸다. 그러나

> 사람들이 경험을 통해 배우는 것처럼 보이지 않는 이유는 경험뿐 아니라 더 많은 것이 배움에 필요하기 때문이다.

여러 철학자와 심리학자들의 언어를 빌려 말하면, 일련의 경험들은 연속된 경험을 단순히 더해가는 것이 아니라 더 많은 것을 요구한다.

> 이때 '더 많은 것'이란 성찰을 말한다. 결과적으로 이 책의 목적은 교사와 학습자가 교수와 학습에 대해 충분히 성찰하고 발전하도록 어휘

를 제공하는 것이다.

가르친다는 것은, 책임 있게 가르치는 것과 공감하여 가르치는 것이 있다. 책임 있게 가르친다는 것은 학습자가 선택한 행동을 정당화할 수 있도록 하는 것이다. 이것은 선택에 대한 설명과 정당화를 제공하는 데 필요한 어휘를 요구한다. 이 책의 목적을 다시 말하면, 그러한 어휘의 요소를 제공하는 것이다. 공감하여 가르친다는 것은 학생들의 행동에 민감하게 반응할 것을 요구한다. 이어서 학습자가 어떻게 사고하는지, 학습자가 과제에 참여하는 마음이 어떠한지, 그리고 학습자가 실제로 행동하는 것이 무엇인지에 대한 안목이 필요하다. 공감하여 가르치는 것은 환경 안에서 일어난다. 이때 환경이 더 수학적일수록, 또 추측을 만들고 도전하며 변경하고 정당화하기에 좋을수록, 그리고 학습자의 잠재적 힘을 사용하고 개발하도록 요구할수록, 학습자는 환경 안에서 수학적으로 참여하며 발전할 수 있다. 다시 한번 말하지만 이 책의 목적은 학습자가 유익한 선택을 하고 감각을 발전시키는 데 충분한 정보를 제공하는 어휘의 요소를 제시하는 데 있다.

학습은 언제 일어나는가? 교실에서 일어나는 학습을 볼 수 있을까? 학습을 관찰하고자 하는 연구자의 바람에도 불구하고 복잡한 학습 현상은 이러한 것이 부적절한 목표임을 시사한다. '학습'이 무엇을 뜻하는지 분명하지 않다. 학습은 훈련을 통해 습득할 수 있는 행동을 변화시키는 것, 사회적 상호작용에 의존하는 정서와 감정을 포함한 성향을 변화시키는 것, 교육할 수 있는 것으로 보는 인지와 인식을 변화시키는 것, 또 스스로를 의식하기에 민감하게 만드는 상황에서 파악된 것을 변화시키는 것 등 다양하게 표현된다. 어떤 것을 학습으로 보든 교수와 학습의 차이는 시간에 있다. 즉 교수는 말하고 듣고, 강조하고 반응하며, 소통하고 주의를 끄는 교사에 의해 연속적인 행동으로 구성된 시간 내에 일어나는 것이고, 학습은 시간을 넘어 일어난다. 학습은 성숙의 과정이다. 최근 신경학 연구에서, 가테그노(Gattegno)는 학습이 잠자는 동안 이루어질 수 있음과 뇌가 어떤 느낌을 잊거나 숨길지 선택할 수 있음을 주장하였다.

이 책에 제시된 구분의 틀은 특별한 측면에 집중시켜 문제를 간단히 하려는 시도라기보다 교수와 학습의 다양성을 유지하려는 시도이다. 다양성은 그대로 유지되어야 하는 것이지 뒤엎거나 간단한 형태로 줄여서는 안 된다. 이 책에 제시한 틀은 부르너(Bruner)의 개념인 '나선형 학습'과 관련되어 제시되었다. 나선형 학습은 같거나 비슷한 아이디어를 반복적으로 사용하고 점점 세련되게 만드는 것이다. 이 책의 전반적 구조는 나선형 접근으로 되어 있다. 같은 아이디어가 계속적으로 제기된다. 이것은 단순한 반복이 아니라 개념이 복잡해지고 풍부해지도록 의도적으로 구분하여 제시하고 있다. 이 책은 지속적으로 탐구하고 사색할 수 있는 주제들을 포함하고 있다. 이 책을 읽어가다가 일반적인 것을 주장하는 문장을 볼 때마다 잠깐 멈추어 생각할 시간을 갖는 것은 효과적일 것이다. 그리고 자신의 경험에서 사례와 반례를 찾아보고 동료들과 이에 대해 논의하는 것도 도움이 될 수 있다. 이때 미래에 있을 법한 사례 또는 반대 사례를 고려해 볼 수 있다. 이러한 방법은 여러분의 교수와 학습을 풍부하게 해줄 것이다.

2013년 옥스포드에서

존 메이슨(John Mason)

서문

이 책은 개방대학에서 수학 학습 연구(Researching Mathematics Learning: ME825) 과정을 수강하는 학생들을 위해 쓰였다. 이 책은 수학교육센터(Centre for Mathematics Education)에서 25년 동안 개발된 접근법을 요약하였으며, 교수법을 쉽게 선택할 수 있도록 과거 경험을 분류하였고, 그 결과 수학 교수법의 실제에 대한 정보를 제공하고 있다.

이 책의 초점은 과제를 설계하고 이용하는 데 있다. 어떤 선택이 가능한지에 대해 알려줌으로써 교수법이 실제로 발달하도록 하기 위함이다. 교수법의 핵심은 학습자와의 상호작용이다. 학습자의 활동은 교육학적으로 효과적인 상호작용을 할 수 있는 기회를 제공한다. 학습자의 활동은 과제가 주어지면서 시작된다. 과제는 학습자가 의미 있는 수학적 아이디어와 주제를 접할 수 있도록 선택되고, 수학에 대한 감각과 학습자가 살고 있는 세상에 대한 수학적 감각을 만드는 데 학습자 자신의 힘을 이용할 수 있도록 한다.

존 메이슨은 개방대학의 교수이며, 15년간 수학교육센터의 책임자로 재직하였다. 그는 일생 동안 수학적으로 사고하는 것에 관심을 두고 있으며, 수학적으로 사고하길 원하는 다른 사람들과 함께 일하고, 수학적으로 사고하기 위해 다른 사람들과 함께 일하길 원하는 사람들을 도와주고 있다.

와일더(Sue Johnston-Wilder)는 개방대학의 수학교육과 교수이다. 그녀는 오랜 시간 동안 교사와 예비 교사들과 함께 수학 교수·학습에 흥미를 증진시키기 위한 자료를 개발하였다.

차례

옮긴이의 말 · 3

한국어 번역본을 내며 · 5

서문 · 8

01 서론

1.1 수용하기와 주장하기 · 14

1.2 행동, 감정, 인식 · 16

1.3 수학 주제, 과제와 활동 · 19

1.4 학습을 도와주는 교수법 · 21

1.5 경험 · 23

1.6 변화가능차원 · 25

1.7 이론과 실행 · 28

요약 · 30

02 수학 주제

2.1 수학 주제는 어디에서 오는가? · 34

2.2 주제의 구조 · 35

2.3 특정 주제를 넘어서 · 41

요약 · 45

03 수학 과제

3.1 목적 · 49

3.2 과제에 대한 사고 틀 · 55
3.3 밀리외 · 62
3.4 과제 제시 · 74
3.5 가능성과 기회 · 88
3.6 과제 펼치기 · 99
요약 · 109

04 수학 활동

4.1 활동과 행동 · 113
4.2 수학 활동의 유형 · 119
4.3 활동의 흐름 · 126
4.4 활동과 감정 · 134
4.5 활동 유지시키기 · 139
4.6 활동 되돌아보기 · 146
요약 · 152

05 상호작용

5.1 언어적 상호작용 · 156
5.2 질문하기와 촉진하기 · 160
5.3 말하기, 토론, 주의해서 듣기 · 173
요약 · 186

06 수학의 진전

6.1 수학 이해하기 · 191
6.2 수업 내에서, 수업 사이에서의 진전 · 192
6.3 장기적 진전 · 194
요약 · 196

07 에필로그 · 197

찾아보기 · 199

01

서론

Introduction

수학은 외견상 딱딱하고 생동감이 없는 과목으로 무미건조하고 단순해 보일 수 있다. 그러나 '수학을 한다는 것'이 어떤 의미를 지니는지 결정하는 것은 매우 어렵다. 수학을 한다는 것이 계산의 숙달을 의미하는가? 아이디어와 테크닉을 어떻게 연결시킬 것인지 이해하는 것을 의미하는가? 기본적인 원리를 통해 사실과 테크닉을 재구성할 수 있음을 의미하는가? 다른 테크닉이 아니라 지금 이 테크닉이 적절하다는 것을 알고 있음을 의미하는가? 평범한 문제를 잘 해결하는 것을 의미하는가? 수학을 한다는 것이 이 모든 것을 모두 포함한다면 수학 **학습**을 어떻게 기술할 수 있는가?

이 책에서 학습이란 학습자가 감지하거나 사고하는 방법에서 일종의 변형을 의미한다. 이러한 변형은 학습자가 취할 수 있는 행동의 폭을 증진시킬 뿐 아니라 학습자의 민감성과 인식을 확장시킨다. 변형 과정을 통해 학습자는 수학적으로 사고할 수 있는 힘, 특별한 풀이 방법과 언어를 사용할 수 있는 능력과 유창성, 그리고 아이디어를 어떻게 접목시킬지에 대한 이해를 발달시키게 된다.

이 책에서는 모든 나이의 학습자를 언급하기 위해 '어린이', '초등학생' 또는 '학생'이라는 단어를 사용하지 않고 '학습자'라는 단어를 사용하였다.

1.1 수용하기와 주장하기

학습자가 변하려면 교사는 어떤 도움을 주어야 하는가?

이 책은 학습자가 적극적이라고 가정한다. 그래야 교사는 학습자가 교실에서 수동적으로 있기보다 적극성을 발휘할 수 있도록 도와줄 수 있다.

이러한 맥락에서 중요한 요소는 **수용하기**accepting와 **주장하기**asserting를 구분하는 것이다. 수용하기 상태에 있다는 것은 편히 앉아 스스로 '그 일을 할 수 있었는데'라고 생각할 때 또는 무엇을 해야 할지 정확히 듣기를 기다릴 때를 말한다. 반면 주장하기 상태에 있다는 것은 탐색을 위한 질문을 하고 적극성을 띌 때를 말한다. 주장하기 상태일 때 학습자는 위험을 감수하고 실수를 통해 배울 준비가 되어 있다. 또한 스스로 아이디어와 풀이 방법을 재구성하기 위해 추측을 테스트하기도 한다.

오랫동안 학습자가 효과적으로 학습하려면 적극적일 필요가 있다는 것이 알려져 왔다. 스펜서(Herbert Spencer)는 20세기 초의 교육개혁자로 다음과 같이 주장하였다.

> 규칙을 가르치는 것은 실생활에 대한 이해 없이 단지 경험과 관련된 지식을 나누어주는 것이므로 비난의 대상이 된다. 직접 탐구해보지 않고 탐구 결과를 제공하는 것은 학습자를 무기력하게 만들뿐 아니라 비능률적이기도 하다. 따라서 학습자는 적절하고 지속적인 활용이 가능한 일반적인 진리를 획득해야 한다.
>
> 스펜서, 1929, p. 57

수학교육학자 스켐프(Skemp; 1976, 1979)는 기계적인 절차 순서에 대한 기억을 기반으로 한 **도구적 이해**instrumental understanding와 원리 학습에 대한 깊은 사고와 관련된 **관계적 이해**relational understanding를 구분하였다. 이해에 대한 두 가지 유형은 수용하기와 주장하기에 대한 생각과 비슷하다. 수용하는 행동은 대체로 도구적 이해를 가져오고, 반면 주장하는 행동은 관계적 이해를 증진시킨다. 그러나 '수용하기'와 '주장하기' 행동을 단지 눈으로 구분하는 것은 쉽지 않다. 외견상 수용하는 행동처럼 보이는 것이 내적 주장하기의 가면일 수도 있고, 주장하는 행동처럼 보이는 것은 어떤 실제의 내적 전이가 없는 형식의 가면을 쓴 것일 수도 있다.

교사가 수용하기와 주장하기 행동을 구분하게 되면 학습자가 적극성을 띨 수 있는 기회를 가지도록 자극할 수 있다. 그러한 구분을 가능하게 하는 것 중 하나는 유용한 수학 과제 설계와 활용법을 제공하는 것이다. 이 책에서는 유용한 활동을 자극하고 교사와 학습자 사이에 적절한 상호작용을 가능하게 하는 것을 목표로 다양한 구분법에 대해 논의할 것이다.

1.2 행동, 감정, 인식

19세기와 20세기 초반의 미국의 철학자이자 교육자인 듀이(John Dewey)는 후반에 스펜서의 영향을 많이 받았다. 듀이는 수업에 앞서 중요한 단계로 '**교과의 심리화**'psychologising the subject matter를 제안하였다. 교과의 심리화란 어떤 주제의 논제, 과정, 특징을 학습자가 경험할 수 있도록 과제를 구조화하는 것이다. 교사는 심리학적 과정을 고찰하는 데 참여하는 것뿐 아니라 외부로부터, 특히 교육과정 설계자로부터 도움을 받을 필요가 있다. 예를 들어, 학교 수학 주제에 대한 과제에 심리학적으로 고찰하는 접근 과정에서 네덜란드 수학자이자 수학교육학자인 프로이덴탈(Freudenthal, 1983)은 일상적으로 그림자 놀이, 몸의 방향 바꾸기, 어린 아이들이 어른 크기만한 가구 이용하기와 같은 학습자가 경험했을 현상을 이용하였고, 결과적으로 교사는 토론에 곧바로 그 현상들을 적용할 수 있다.

교과의 심리화를 위해 인간의 **정신**psyche 구조에 대한 아이디어가 필요하다. 인간정신은 서로 중복되고 연관되어 있으며 상호 유지되는 다양한 요소로 고대부터 근본적으로 분리되었다. **행동**, **감정** 그리고 **인식**은 정신의 세 가지 중요한 요소로 감각에 작용하는 마음, 감정에 작용하는 마음, 그리고 그 자신에 대해 작용하는 마음을 나타내기 위하여 사용된다. 이러한 요소는 다양한 형태로 이 책

전반에 사용되었고, 깊이 탐구할수록 유용하다.

- **행동**은 물질 세계에서 관찰 가능한 것이다. 이 책 후반에 행동을 구체물의 조작, 이미지, 기호 그리고 언어를 언급하는 것으로 확장할 것이다.
- **감정**은 상황에 대한 감정적인 반응이며, 또한 학습자와 교사에게는 에너지의 원천이 된다.
- **인식**은 지성과 연관되어 있다. 즉, 인식은 명백하고 암묵적으로 어떤 것을 인식하거나 민감해지는 것이다.

이와 관련하여 브루너(1966)는 세 가지 표현 양식, **행동적**enactive(어떤 일을 하는 것), **영상적**iconic(이미지와 감각에 관한 것), 그리고 **상징적**symbolic 표현에 관심을 두었다. 종이컵을 마룻바닥에 굴린다고 할 때, 실제로 컵을 굴리고 컵이 따라간 길을 관찰하는 것이 행동적 표현이고, 컵을 굴린다고 상상하고 컵의 위치를 나타내기 위해 도표를 사용하며 적절한 양과 관련짓는 것이 영상적 표현이며, 서로 다른 길이를 표현하기 위해 기호를 이용하고, 서로 다른 길이와 관련된 방정식을 표현하는 것이 상징적 표현이다.

브루너의 표현 양식에 대한 또 다른 설명은 직사각형의 넓이와 관련되어 있다. 학습자가 직사각형의 넓이와 직사각형으로 이루어진 도형의 넓이를 구하기 위해 '정사각형 세기'를 이용하는 것은 행동적 양식이다. 정사각형 세기를 곱하기로 좀더 효과적으로 구할 수 있음을 인식하는 것은 영상적 양식이라고 볼 수 있다. 구체적인 값을 알지 못하는 문자의 곱으로 직사각형의 넓이를 계산하는 것은 상징적 양식이다. 직사각형의 이미지는 괄호를 전개할 때와 인수분해할 때, $7\times34=7\times30+7\times4$과 같이 곱셈에 대한 사고 전략의 표현을 분배법칙과 연결시킬 때 도움을 준다. 결국 학습자가 수와 기호의 곱셈에 능숙해지면 이미지는 그림자로 사라지게 된다. 브루너의 세 가지 양식은 정신의 세 가지 측면과 관련이 있다.

- **행동적**: 사람들은 어떤 일을 하고, 그것은 세상에 대한 지식을 제공한다. (행동)
- **영상적**: 사람들은 상상하고, 그 상상력을 통해서 감정을 관리하고 조절한다.
- **상징적**: 사람들은 물질 세계에서 존재할 수 없는 추상성을 표현하고 존재하지 않는 것을 나타내기 위해 기호를 이용한다. (인식)

표현의 '**행동적**' 양식은 특히 물질적 대상의 세계에 적용되지만, 자신 있게 다룰 수 있는 대상에도 적용될 수 있다. '**영상적**' 양식은 이미지의 세계와 '감각적인' 세계와 관련되어 있다. '**상징적**' 양식은 실제적 맥락이 표현하는 것을 기호로 바꾸어 놓으며 실제적 맥락과 독립된 기호의 세계와 관련 있다. 이 세 가지 양식들은 서로 구분되거나 분리되어 있지 않으며 서로 중복되고 연관되어 있다. 어떤 사람들은 최상의 위계인 '**상징적**' 양식을 형성하는 것이 목표라는 잘못된 생각을 가지고 있다. 그러나 각각의 양식은 다른 양식을 풍부하게 하고 다른 양식에 의해 풍부해진다. 따라서 상징은 물리적인 행동에 대한 기억을 실행하는 것뿐 아니라 영상적인 관련성을 가지고 있다. 초기에 '사람들이 행동한 어떤 것'은 점차로 하나의 대상이 되고 결국 사람들이 그에 따라 행동할 수 있는 어떤 것이 된다.

'행동'이 대상으로 변형되는 하나의 예는 수이다. 수에 대한 학습은 연필 3개, 정육면체 2개와 같이 세는 행동으로부터 시작되고 점차 수는 3, 2와 같은 하나의 대상이 되며 맥락으로부터 추상화된다. 반복된 적용을 통해 추상화된 대상은 친숙해지고 그 자체가 하나의 구체적인 대상인 것처럼 자신 있게 이용된다. 이제 수는 산술 연산의 대상이 되고 이러한 연산은 덧셈, 뺄셈과 같은 대상이 되며 결국 추상화와 기호화에 대한 확장된 나선 속에서 움직인다.

구상화reification라는 용어는 과정을 하나의 대상으로 보는 변화를 기술하기 위해 사용되었다. 이때 변화는 수학적 능력과 자신감을 발달시키는 데 중요한 역할을 하며 6장에서 자세히 설명할 것이다.

1.3 수학 주제, 과제와 활동

수학 수업의 기본적인 목적은 특별한 주제에 대해서 학습자가 학습할 수 있도록 하는 것이다. 이를 위해서 학습자가 과제를 수행하도록 해야 한다. 학습자에게 요구하는 모든 것이 과제가 될 수 있다. 과제는 계산이 될 수도 있고, 토론해야 할 심상이나 도표, 다루어질 기호 등이 될 수 있다. 이 책에서 과제는 학습을 증진시키기 위한 것이 아닌 오직 평가를 위해 고안된 과제나 "내 말을 들어 보세요." 또는 "책을 살펴보세요."와 같은 과제는 논의되지 않을 것이다.

과제와 **활동**이란 단어는 종종 동의어로 사용되기도 하지만, 여기서는 크리스티안센과 발터(Christiansen & Walther, 1986)의 의견대로 이 둘을 구분할 것이다. 과제의 목적은 학습자가 활동을 적극적으로 하게 만드는 것이다. 그러한 활동 안에서 학습자는 대상을 구성하고 대상에 따라 행동할 수 있는 반면 물리적, 정신적 또는 상징적 대상이 수학 주제에 포함될 수 있다. 이러한 활동은 학습자의 관심이 중요한 특징에 집중될 수 있도록 고안되었으며, 학습자는 관련된 국면들을 비교하고, 성질들을 인지하면서 또는 성질들 사이의 관계를 이해하면서 학습할 수 있다. 3장의 주제는 과제이고, 4장의 주제는 학습자의 활동이다.

학습자는 단지 기능과 사실을 수동적으로 받아들이는 사람이 아니다. 그들은 내재적 학습자로 이해 형성에 대한 타고난 힘을 학습에 이용한다. 학습자가 수행하는 과제는 학습자에게 적절한 도전이 될 필요가 있다. 그러나 학습자가 과제를 수행하면서 교사가 중요한 경험이라고 여기는 것을 의식하지 못하고 그들의 활동과 관련된 경험을 통합시키지 못할 수 있기 때문에, 단지 과제를 하는 것만으로는 충분치 않다. 이것은 어떤 학습이 일어났음에도 불구하고 교사가 기대했던 것을 학습한다고 보장하기 어렵다는 것을 의미한다. 예를 들어, 덴버와 브라운(Denver & Brown, 1986a, 1986b)은 학습자가 학습했다고 생각했으나 그것이 수업의 일부라고조차 할 수 없는 기능과 주제였음을 발견하고 놀라워했다.

또한, 학습자가 일련의 경험을 할 때, 각각의 경험을 실제로 하나의 **순서** sequence로 인식하는 것은 아니다. 그러나 의도된 것을 학습하기 위해서는 경험 사이의 연결성을 더 잘 인식할 필요가 있다. 예를 들어, 학습자가 '각'을 인식하기 위해서 관련된 수를 함께 인식하는 것이 필요하다. 각은 점의 위치나 반직선을 나타내는 팔의 길이와는 관련 없고 점의 위치에 따라 '처음'과 '마지막'의 두 팔이 반시계 방향으로 움직이는 양에 따라 부호가 결정되는 회전의 양이라는 것을 이해해야 한다. 학습자는 이러한 경험을 통해 두 각이 '서로 같다'가 되려면 어떤 속성이 변하지 않고 어떤 것은 변하는지 여러 가지 경험을 할 필요가 있다.

덧붙여, 학습은 필연적으로 시간이 필요한 성숙의 과정으로 나타낼 수 있다. 어떤 학습은 자연적으로 일어나지만 경험에 대한 분명한 성찰을 통해 강화되기도 한다. 다른 방법으로 표현하면 다음과 같다.

가르침은 정해진 시간 내에서 이루어지지만, 학습은 시간을 넘어 일어난다.

아마도 수학을 가르칠 때 가장 중요한 이슈는 학습자가 자신의 경험 속에서 수학적 감각을 키울 수 있도록 어떻게 도움을 줄 수 있을 것인가 하는 것이다. 이러한 경험의 중심에 있는 것이 학습자의 활동이며, 학습은 수학 주제에 따라 분류된 과제를 수행한 결과로 일어난다. 이러한 측면은 이 책의 다음 장에서 탐구할 것이다.

1.4 학습을 도와주는 교수법

바빌로니아, 이집트, 그리고 중국과 같이 고대로부터 내려온 수학책에는 예제가 많이 포함되어 있다. 이것은 학습자가 예제를 따라 풀고 스스로 연습 문제를 해결할 수 있을 만큼 적극적일 필요가 있다는 것을 알고 있었음을 보여준다. 예를 들어, 플라톤은 수를 도입하기 위해 물리적 대상을 이용한 이집트의 예제를 칭찬한 반면, 그렇지 않은 그리스의 예제들에 대해서는 비판했다(Hamilton & Cairns, 1961, pp. 353-384).

시간이 흘러 다양한 교수 방법이 시도되었고 다음과 같은 보완사항들이 추가되었다.

- 법칙을 제시하고 특별한 경우에 그 법칙을 적용하기 전에 먼저 암기하도록 한다.
- 예제로 시작하여 '법칙'을 이끌어 내거나 학습자 스스로 예에서 법칙을 찾게 한다.
- 일반적인 경우에서 시작하여 특별한 경우로 옮겨간다.
- 간단하거나 복잡한 특별한 경우에서 시작하여 일반화한다.

하나의 전략이 항상 성공적인 것은 아니다. 이 책에서는 '혼합 전략'을 옹호한다. 이것은 학습자에게 다양한 형태의 과제를 주어 수학적 사고를 발달시키는 것으로, 몇 가지 쟁점에서 자세하게 시작하여 과제 설계와 실행 중에 선택할 수 있는 많은 자원과 이론들을 이용한다. 다음과 같은 네 가지 일반적인 주요 개념으로부터 시작한다.

- 학습자는 정신적으로, 감정적으로 그리고 때때로 신체적으로 적극적일 필요가 있다.
- 교사는 가르쳐야 할 주제와 관련된 특징을 인지하고, 그 주제에 학

생들이 접근하기 쉽게 하기 위한 수학적 구조 및 '교과의 심리화' 방법을 알아야 한다.

- 과제는 상호작용과 과제로부터 나오는 활동, 그리고 과제가 수행되는 사회적 분위기의 질과 본성 때문에 학습의 매개물이 된다.
- 학습은 사회적 영향력과 브루소(Brousseau, 1997)가 밀리외(milieu)라고 부른 교실 실행의 환경 속에서 일어난다(그림 1.1).

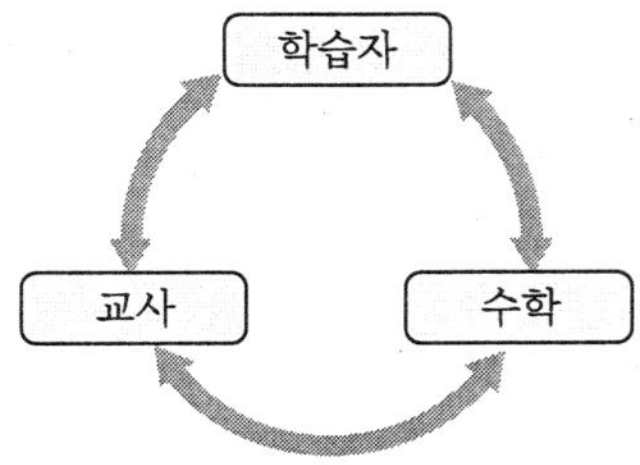

그림 1.1 밀리외 내에서 교사-학습자-수학

이 책의 접근은 **활동 이론**activity theory을 근간으로 하고 있으며 이 이론은 비고츠키(Vygotsky, 1978)와 레오티에프(Leont'ev, 1981a)에 의해 발달하였고 워치(Wertsch, 1981)와 브루너(1986)에 의해 확장되었다. 활동주의 이론가에 따르면 정신은 다른 사람과의 상호작용의 맥락과 환경의 맥락 안에서 발달되고 이해될 수 있다. 이 접근이 함축하고 있는 것은 학습자가 다음과 같은 것을 가질 수 있도록 과제를 고안할 필요가 있다는 것이다.

- 원리, 방법, 인식 그리고 수학하는 방법들을 이끌어내고, 추상화하며 일반화하는 것과 관련된 경험
- 알고 있는 개념에 대한 적절한 자극
- 지원 및 양립 가능한 사회적 환경

비고츠키가 언급한 것과 같이 학습자 또한 그들이 획득하고자 하는 사고의 유형을 보여주는 성인과 경험 많은 동료에게 다가갈 필요가 있다.

무엇보다 가장 중요한 것은 수학 개념 또는 과제가 아니라 '사고하는 방식'이다. 결과적으로 수학의 교수·학습에 대한 자신의 경험이 중요하므로 다음 장을 읽기 전에 다음과 같은 세 가지 질문을 고려할 필요가 있다.

- 여러분은 개인적으로 수학을 효과적으로 학습하기 위하여 무엇이 가장 도움이 된다고 생각하는가?
- 여러분의 경험에 근거하여 여러분이 가르치는 학습자가 수학을 좀더 효과적으로 학습하기 위하여 해야 할 것은 무엇이라고 생각하는가?
- 여러분의 경험에 근거하여 여러분이 가르치는 학습자가 수학을 좀 더 효과적으로 학습하기 위하여 해야 할 것으로 믿는 것은 무엇이라고 생각하는가?

1.5 경험

교사는 학습자가 필요로 하는 것들에 대해 잘 알고 깊이 이해하고 있다고 생각하지만, 이러한 것들이 학습자가 생각하는 것과 항상 일치하는 것은 아니며, 심지어 교사 자신의 경험과도 일치하지 않는 경우가 많다. 학습자는 수학에 대한 그들의 최근 경험에 빠져있으며 그 경험은 긍정적이지 않고, 효과적이지 않을 수 있다. 학교에 있는 많은 학습자들은 교사가 제시한 과제를 해결하면서 과제의 정답을 구하며 필요한 것을 배웠다고 생각한다. 그러나 이것은 그리 간단한 문제가 아니다. 학습자가 수동적으로 듣고, 말하는 것을 받아들이고, 교수 과정을 따를 때, 그들이 학습했다고 믿기 쉽다. 학습자에게 '문제를 해결'하면서 질문을 하거나 추측하는 어떤 것을 주장하라고 하면 대체로 당황해서 어쩔 줄 모르는 것을 발견할 수 있다.

학습자가 여러분이 하라고 정해놓은 과제를 하지 않는 것을 알아차린 적이 있는가? 수업을 마친 후 학습자에게 수업에 대해 적어보게 하고 그들의 반응에 놀라 본 적이 있는가?

자워스키(Jaworski, 1994)는 학습자에게 수학 수업에 대해 질문하였다. 마름모 모양을 잘라 평면에 붙이는 학습을 하고 무엇에 대한 학습이었는지 질문하였으나 테셀레이션이라고 답한 학습자들은 거의 없었고 종이를 자르거나 가위를 이용하거나 마름모에 대한 연습이라고 생각하였다. 테셀레이션을 학습했다고 인지한 학생 수는 매우 적었고, 모든 마름모가 테셀레이션이 된다는 것을 인지한 학습자는 그보다 더 적었다. 따라서 활동을 통해 학습자가 얻는 것은 개인에 따라 매우 다르다.

스테인(Stein, 1987)은 교사에 의해 제시된 과제와 학습자가 해석한 과제를 구분하였다. 이러한 아이디어를 확장하면 다음과 같이 구분할 수 있다.

- 과제 설계자가 상상한 과제
- 교사가 의도한 과제
- 교사와 과제 설계자가 특별히 만든 과제
- 학습자가 구성한 과제
- 학습자가 수행한 과제

복잡한 내용은 3장에서 더욱 자세히 토론할 것이다.

교사는 다른 사람들이 설계한 과제를 해석할 수 있어야 하고 설계자의 의도가 무엇인지, 학습자가 과제를 할 때 필요한 것이 무엇인지 준비해야 한다. 교사는 학습자가 과제를 어떻게 해석하는지 인식해야 하고 적절한 학습이 이루어질 수 있도록 학습자의 활동을 어떻게 도와줄 수 있는지 알아야 한다.

1.6 변화가능차원

우리는 과제의 목적은 변하지 않으면서 과제가 변형되는 방법을 탐구함으로써 과제의 설계와 개발에 대해 조사하였다. 예를 들어 특별한 수와 관련된 다음 과제들에서 '수학 연산'을 변화시키지 않고 숫자를 어떻게 바꿀 수 있는지 생각해보자.

과제1 50이 넘는 수와 30과 50 사이에 있는 수를 각각 선택하자. 큰 수에서 작은 수를 뺀다. 빼고 남은 수와 작은 수를 비교하여 같은 과정을 차가 0이 될 때까지 반복한다. 0이 되기 직전의 수가 바로 처음 두 수의 최대공약수이다.

과제2 숫자 5를 사용하지 않고 숫자 8을 사용하며 2와 3 사이에 있으면서 $2\frac{1}{2}$에 가능한 한 가까운 소수를 찾아라.

과제3 다음 분수를 간단히 하여라. $\frac{21}{49}$, $\frac{12}{28}$, $\frac{18}{42}$

과제4 다음 그림 1.2와 같이 앞바퀴와 뒷바퀴가 서로 다른 마차가 있다. 뒷바퀴의 지름은 165cm, 앞바퀴의 지름은 121cm이다. 마차의 바퀴

그림 1.2 서로 다른 크기의 바퀴를 가진 마차

가 지면에 닿은 지점을 각각 표시하고, 마차가 움직였을 때 처음 표시한 부분이 지면에 동시에 닿으려면 몇 cm를 움직여야 하는가?

과제 1은 주어진 범위에서 어떤 수를 선택하여도 된다. 그러나 그 중 하나 또는 둘 다 음수이거나 분수가 되어서는 안 된다. 과제 2와 유사 과제를 만들기 위해서 숫자 $2\frac{1}{2}$을 적절하게 바꿀 수 있으며 다른 숫자들도 마찬가지이다. 과제 3은 모두 동치인 분수이므로 다른 분수를 선택할 때 내재된 제한이 있다. 과제 4는 임의의 양수를 선택하면 되지만 수학적으로는 공약수를 가지는 두 수를 선택해야 한다.

풀이 방법 또는 개념을 변형시키지 않고 수를 변형하는 것을 과제에서 **변화가능차원**dimension-of-possible-variation(DofPV)이라고 한다. 이 개념은 마턴과 부스(Marton & Booth, 1997)의 아이디어에 근거하고 있다. 각 숫자들은 과제 내의 필수조건을 고려한 **변화허용범위**range-of-permission-change 내에서 변형가능하다. 예를 들어, 과제 1의 숫자는 양의 정수여야 하고, 과제 4에서 마차의 바퀴는 양의 지름을 가져야 한다.

과제에서 숫자를 변형하는 것은 가장 명백한 변화가능차원으로, 과제를 하나의 연습문제에서 문제의 유형이나 문제의 묶음으로 변형시킨다. 학습자는 특별한 숫자 대신 과제를 해결할 때 필요한 방법과 그에 포함된 사고에 대하여 인식하게 된다. 학습자가 문제 유형에 대해 사고하기 시작할 때, 학습자들은 과제 내적인 관계뿐 아니라 과제 자체에 대해 수학적으로 사고하게 된다.

고려해야 할 또 다른 변화가능차원이 있다. 예를 들어, 과제 4의 문제는 서로 다른 폭으로 걷지만 같은 속도로 같은 트랙을 따라 도는 두 사람 또는 두 사람 이상이 있다는 문제로 바뀔 수 있다. 또 다른 변수로는 서로 다른 속도로 걷는 사람들로 나타낼 수도 있고, 트랙을 서로 반대 방향으로 돈다고 나타낼 수도 있다. 문제를 해결하는 방식 또는 포함된 개념이 바뀌지 않는 한, 상황이 변할 수 있고 사람 수와 같은 문제 내의 수가 변할 수도 있다.

과제를 해결하고 나타내는 여러 가지 방법들은 3장에서 설명할 것이다. 3장에서는 변화가능차원의 개념을 과제와 과제 내의 특징 모두에 적용시킬 것이다.

교사와 학습자가 과제를 할 때 중요한 질문은 다음과 같다.

- 과제의 일반적인 측면과 고정된 측면은 무엇인가?
- 과제에서 특별한 부분은 무엇이고 무엇을 변화시킬 수 있는가?

좀더 간결하게 말하자면, 변화하는 가운데에서 불변성에 대한 탐구는 수학 탐구에 대한 정보를 주고 가이드를 해줄 뿐 아니라 과제에 대한 학습자의 경험을 풍부하게 해준다.

마투라나와 비렐라(Maturana & Varela, 1988)와 함께 반 힐러(van Hiele, 1986)는 어떤 측면과 다른 것을 구별할 수 있는 능력은 인간과 동물의 기능 중 필수적인 능력이라고 주장하였다(Hauser, 2001). 인간은 천성적으로 나란한 경험들 사이에서 유사성과 차이점을 찾아낸다. 그러므로 학습자가 구분할 수 있는 과제를 포함시키는 것이 중요하다. 이 같은 과제를 포함하는 것은 다른 측면은 같게 유지하면서 하나의 변화가능차원을 체계적으로 변화시키는 손쉬운 방법이다.

마턴(Marton & Booth, 1997)은 학습자가 관련된 차원에서 연이어 체계적인 변화를 경험해야 하고 성찰을 통해 이러한 경험들을 비교할 수 있게 된다고 하였다. 그런 후에 경험들을 이해할 수 있고 일반화할 수 있게 된다. 한 번에 많은 것들이 변하면 각자의 구분은 힘들어진다. 반면에 개별적인 경우가 너무 떨어져서 일어나게 되면 학습자는 그것을 함께 연결시키지 못하고 어떤 차원에서 변화시킨 예인지 볼 수 없게 된다. 따라서 수학적 활동을 증진시키기 위한 질문의 힘은 “무엇이 같고 무엇이 다른가?”이다.

1.7 이론과 실행

> 이론 없이 실행하는 사람은 키와 나침반이 없이 배를 운행하는 항해사와 같아서 그가 어디에 있는지 알지 못한다. 실행은 항상 좋은 이론 뒤에 존재한다.
>
> 레오나르도 다빈치(Leonardo da Vinci)

> 사실이 이론을 근거로 하고 있듯이 이론은 사실을 기초로 하고 있다.
>
> 굿맨(Goodman), 1978

교수와 학습에 대해 논의하면서 경험과 실행에 강조를 두었다고 해서 이론의 역할을 부정하는 것은 아니다. 그러나 위에 제시한 인용문처럼 효율적인 실행 뒤에는 이론이 있다. 물론 '좋은 이론'을 구성하는 것이 무엇인가와 같은 질문은 열린 질문으로 답하기 곤란하지만, 실행에 도움을 주는 원리는 찾을 수 있다. 이론은 멋진 철학 체계를 필요로 하지 않는다. 즉 이론은 단순한 가정이라고 할 수 있으며 실행에 도움이 되지만 명백히 무엇이라고 말하기는 어렵다. 이론은 '학습자는 충분한 경험이 필요하다.' 또는 '교사는 사물을 분명히 기술해야 한다.'와 같은 견해를 뒷받침해준다. 사람들은 '이론'의 힘을 빌려 차이를 인지하고 차이를 만든다. 그러나 때때로 이론은 감추어져 있다. 더구나 실행을 개발하려는 교사는 이론을 표면화하여 그 이론을 수정하고 조사할 수 있어야 한다.

이론과 관련된 중요한 개념은 **틀**이다. 틀은 현상의 중요한 측면을 강조하는 아이디어들을 일관되게 모아놓은 하나의 집합체이다. 그 아이디어들은 실제적인 활용을 할 수 있는 명백한 이론들을 구성한다. 예를 들어, 수업 전략을 위한 전통적인 교수 방법 중 '세 가지 말하기 방법'('네가 말하려는 것을 말하라, 실제로 말하라, 네가 말해왔던 것을 말하라')라고 불리는 매우 간단한 틀이 있다. 교수와 학습의 모든 측면을 보여줄 수 있는 단 하나의 틀은 존재하지 않지만 여러 요소들을 상기시키는 역할을 할 수 있고 교수를 논의하거나 수업을 계획할 때 매우 도움이 될 수 있다. 서로 다른 틀은 대상의 다른 모습과 같고, 각각은 특유의 관점을 제공한다. 어떤 주어진 틀로 현상을 볼 때, 어떤 측면은 부각되고 어떤 측면은 숨겨질 수 있다.

여러분은 우리가 제시하는 이론과 중요시하는 가정에 대해 어떤 것은 동의하고 어떤 것은 동의하지 않을 수 있다. 자신의 즉각적인 경험에 반하는 내용을 확인할 경우엔 동의하기 어렵다. 이미 양립가능하고 조화롭다는 것을 알고 있는 것을 확인하기는 더 어렵다. 그러나 익숙한 것을 질문함으로써 전문성이 발달한다.

학습 이론들은 학습에서 다음과 같은 변형이 필요함을 가정하고 있다.

- 새로운 방법이나 특정 방법을 적용할 수 있고 생각해낼 수 있는 학습자의 내재적인 힘 인식하기
- 새로운 개념과 불명확하게 알고 있었던 것과의 차이 인지하기
- 새로운 기술과 기법 개발하고 연마하기
- 핵심이 되는 수학 주제를 인지함으로써 아이디어와 기법이 어떻게 연결되었는지 인식하기
- 새로운 사실에 정통하기

이러한 변화를 경험하기 위해서 학습자는 수용하기에서 주장하기로, 단지 어떤 일을 하는 것에서 의미를 이해하는 것으로 옮겨가는 적극성을 보여야 한다.

2장에서는 과제 설계를 위해 수학 주제의 구조를 살펴볼 것이다. 과제에 참여하려는 독자들은 바로 3장으로 가도 좋지만 과제가 어디에 도달하기 위해 의도된 것인지 스스로 물어보는 것이 필요하고, 그렇게 되면 수학 주제의 구조를 다시 살펴보게 될 것이다. 학습자의 활동에 좀더 관심이 있는 독자들은 4장으로 갈 수 있다. 그러나 과제가 구성될 수 있는 여러 가지 방법을 스스로 찾아야 한

다는 것을 발견하게 될 것이고 과제의 의도와 목적을 찾아보게 될 것이다. 이것은 주제 구조와 관련 있는 측면이다. 5장에서는 활동을 이끌어내고 유지하는 데 도움이 되는 언어 상호작용에 대해 탐구할 것이고, 6장에서는 학습자의 발달을 살펴볼 것이다.

요약

가르치는 데 있어 가장 중요한 것은 학습자와의 상호작용이다. 상호작용은 학습의 목적, 맥락, 그리고 학습자의 활동이 필요하다. 활동은 학습자가 교육과정 주제 속에서 중요한 아이디어를 경험할 수 있도록 구성된 과제에 의해 시작된다.

이 책은 각 주제에 대하여, 과제를 통해 교사와 학습자의 상호작용을 통한 활동을 유지시키기 위한 방법에 대하여 서술하고 있다(그림 1.3). 그 결과 수학적 사고가 발달하게 되고 특별한 주제에 대한 역량이 개발된다.

주제Topic	발달Progress
과제Task	
활동Activity	
상호작용Interaction	

그림 1.3 이 책의 구조

또한 세 가지 유용한 아이디어를 소개하고 있다. 이 아이디어는 구체적으로 **틀**, **변화가능차원** 그리고 **변화허용범위**이다.

틀은 과제의 설계와 제시하는 방법에 대한 정보를 제공해주고 이러한 과제를 효과적으로 이용하는 방법을 제공한다. 또한 틀은 앞서 소개한 다음 개념들의 구분을 포함한다.

- 수용하기 - 주장하기
- 행동 - 감정 - 인식
- 행동적 - 영상적 - 상징적

변화가능차원에 대한 아이디어는 과제와 관련하여 다루었다. 과제는 일반화 정도에 따라 여러 가지 차원으로 구분된다. 학습자가 정의, 결과 또는 기법을 이해하고 사용하기 위해서는 변화가능차원 그리고 변화허용범위를 이해할 필요가 있다.

02

수학 주제

Mathematical Topics

이 장은 수학 주제에 대해 생각하는 데 필요한 틀을 소개한다. 이 틀은 3장에 나올 수학 과제의 본질과 활용에 대한 바탕을 제공할 것이다.

이 장의 주요 개념은 1장에서 소개한 정신의 세 가지 요소, 즉 행동, 감정, 인식이다. 이 요소들은 새로운 주제들이 어떻게 발생하고, 임의의 수학 주제의 구조에 어떻게 통합되는지 탐색하는 데 활용되며, 따라서 교사에게 수학 주제를 가르치기 위한 준비 방법을 제공한다.

2.1 수학 주제는 어디에서 오는가?

수학 주제는 사람들이 행동할 때, 즉 무언가를 할 수 있다는 것을 인식할 때 발생한다. 행동을 하면서, 사람들은 자신이 무언가를 하고 있음을 인식하게 되고, '행하기doing' 그 자체에서 빠져 나오게 된다. 그 후 '행하기'는 정식으로 연구할 수 있는 것이 된다.

전형적인 '행하기'는 누군가 한 가지 기법을 사용하여 한 가지 유형의 문제를 해결할 때 일어난다. 그 후 그 기법은 문제의 맥락으로부터 멀어지고 특정한 연령 또는 경험을 가진 학습자를 가르치도록 개선된다. 종종 문제의 기원이나 문제 그 자체는 모호해지거나 잊혀 진다. 이런 방식으로, 산술 연산을 해결하는 방법은 많은 문제로부터 추출되었고, 가르치고 숙달할 수 있도록 문제의 맥락과는 동떨어진 계산이 되었다. 분수, 소수, 백분율의 산술은 이런 방식으로 나타났다. 실제로 방정식의 해, 이차식의 인수분해, 도형의 넓이, 피타고라스 정리와 같은 학교수학의 모든 주제들은 비슷하게 발생하였고, 어떤 유형의 문제를 해결하는 수단이다. 가테그노(Gattegno, 1987)는 모든 주제들이 같은 방식으로 발생한다고 주장했다. 즉, 사람들은 자신이 하는 행동을 인식하게 되면서 그 행동 자체는 다음 연구 대상이 되고, 그 다음 행동의 대상이 된다. 예를 들어, 역학은 밀고 당기는 인식으로부터, 대수는 관계를 조작하는 인식으로부터, 기하는 심상의 역동성에 대한 인식으로부터 시작되었다.

여러 유형의 문제에서 주제를 살펴보면 주제에 대한 동기는 그 주제가 해결할 본래 문제의 형태에서 찾을 수 있고, 그 주제가 적용되는 다른 맥락의 다양한 문제에서도 종종 찾을 수 있다.

2.2 주제의 구조

아마도 어떤 주제에 대해 사고하는 가장 익숙한 방식은 도구의 집합체가 아니라 숙달해야 할 기법의 집합체로 보는 것이다. 학습자들은 적절한 상황에서 적절한 기법을 이용하여 능숙한 행동을 보임으로써 주제를 숙달했다는 것을 보여 준다. 그러므로 주제는 그와 관련된 행동의 관점에서 살펴볼 수 있다.

그러나 기법과 함께 재능과 능력을 얻기 위해서는 사실과 정리뿐만 아니라 전문용어와 그 정의에 익숙해져야 한다. 또한 이 기법이 해결할 수 있는 문제 유형을 인식하는 것도 필요하다.

개념과 개념이미지

우리는 주제와 관련된 개념을 먼저 생각한다. 하지만 '개념concept'이란 무엇인가? 마치 '실체thing'처럼 들린다. 그러나 개념은 물질적인 대상처럼 가리키거나 소유하거나 포장할 수 없다. 개념은 이미지의 흐름, 사고, 감각, 연결, 가능한 행동을 나타내는 표상이며, 관념과 관련되어 있다.

개념은 우리의 마음속에서 떠돌아다니는 고립된 존재가 아니다. 오히려 개념은 익숙한 '사고의 흐름'이다. 피아제(Piaget, 1971)는 관념과 관련된 상호 연결망을 언급하기 위해 **스키마**schema라는 개념을 사용했다. 스켐프(Skemp, 1976, 1979)는 스키마를 수학교육 내에서 발전시켰다.

전문가들은 '각' 또는 '평균'과 같은 수학의 전문용어에 대한 단순한 언급만으로도 다양한 결합, 테크닉, 말하는 방식, 이미지, 기호, 그리고 의미 있는 맥락에 접근할 수 있다. 톨과 비너(Tall & Vinner, 1981)는 이를 **개념이미지**concept-image라는 용어로 표현했으며, 개념이미지는 개념과 관련된 정신적인 구조 전체를 포함한다. 개념이미지는 다음과 같다.

> 개념과 관련된 전반적인 인식 구조로, 이는 모든 정신적인 심상 그리고 연관된 성질과 과정을 포함한다. 개념이미지는 다양한 경험을 통해 수년에 걸쳐 만들어지며, 개인이 새로운 자극을 만나고 성숙해짐에 따라 변한다.
>
> 톨과 비너, 1981, p. 152

개념이미지의 본질적인 특징은 다양한 양상들이 상호 연결되어 있다는 것이다. 어떤 사람은 '반복적인 뺄셈'이라는 용어에서 나눗셈의 아이디어를 떠올릴 수 있다. 하지만 아직 나눗셈에 자신이 없는 학습자는 그렇지 않을 것이다. 왜냐하면 일반적으로 사람들의 이미지와 관심은 그들이 자신 있어 하는 행동과 개념에 집중되는 경향이 있기 때문이다. 비슷하게, '나눗셈'이라는 용어는 반복적인 뺄셈 또는 분수, 소수, 큰 수의 나눗셈, 분할 등 많은 다른 개념들을 떠올리게 한다. 교사는 학습자가 무엇을 생각하고 행동하는지 알아내고, 학습자가 주제 내에서 연결을 쉽게 할 수 있도록 과제를 준비하면서, 이러한 연결에 대한 교사 자신의 해석을 새롭게 하는 것이 유용하다는 것을 발견하게 된다.

다음 예로 '유클리드 호제법'을 생각해보자. 여러분은 유클리드 호제법이라는 단어에서 '유클리드' 기하와의 막연한 연관성을 제외하면 어떤 의미도 느끼지 못할 수 있다. 만약 '최대공약수'라는 용어가 제시된다면 1장의 과제 1을 떠올리게 될 것이다. 그리고 다음에는 숫자들의 쌍으로 이루어진 여러 가지 기억들을 떠올리게 될 것이다. 또한 두 수의 최대공약수를 찾기 위한 방법을 재구성함으로써 그 방법의 기초가 되는 반복적인 뺄셈에 대한 몇 가지 기억들이 있을 것이다. 실제로 이 방법을 '유클리드 호제법'이라고 부른다. 여러분은 다른 맥락에서 호제법과 관련된 것을 더 많이 또는 적게 찾을지 모른다. 만약 여러분이 최근 호제법을 사용한 적이 있다면 오랜 기간 그것을 사용하지 않았을 때보다 더욱 풍부하게 연결할 수 있을 것이다. 생각나는 모든 것들이 '유클리드 호제법'에 대한 개념이미지의 일부분이다.

다른 사람의 개념이미지에 직접적으로 접근하는 것은 불가능하다. 더욱이 다른 환경, 다른 경험을 가진 사람들은 서로 다른 결합과 연결을 떠올릴 것이다. 그럼에도 불구하고, 개념이미지라는 개념은 교사나 설계자가 과제를 디자인할 때 유용하다. 교사는 주제와 관련된 다양한 연결, 결합, 이미지, 기법, 언어 패턴, 예, 결과, 증명들을 스스로 상기하면서 학습자가 경험하고 내면화하길 바라는 주제의 특징들을 확인할 수 있다. 이 절의 나머지 부분에서는 이런 아이디어들을 체계화하고 확장하여 수학 주제의 구조에 대한 틀을 제공한다.

주제에 대한 틀

예를 들어, **무작위성**(임의)이라는 개념을 생각해 보아라. 바로 연상되는 것은 무엇인가? 어떤 특별한 예들이 기억나는가? 여러분에게 예가 주어졌을 때, 어떤 방식으로 그리고 어느 정도까지 '무작위'란 단어와 관련되는지 말할 수 있는가? '무작위'와 연결하여 사용할 다른 단어는 무엇인가? 그 단어와 어떤 기법들을 관련지을 것인가? 여러분에게 나타난 관념, 이미지, 연결들은 여러분의 현재 개념이미지를 형성한다. 물론, 다른 상황들은 개념의 여러 다른 모습을 만들고 그것은 모두 여러분의 전체 개념이미지에 기여할 것이다.

무작위와 관련하여 제기된 질문들은 대체로 일반적이다. 질문은 교사가 가르치고자 하는 주제에도 적용된다. 실제로 질문들은 세 개의 범주(행동, 감정, 인식)로 분류되는 하나의 큰 집합을 대표하고 있다.

- 주로 **행동**과 관련된 질문 : 이런 질문은 학습자가 말하고 행동할 수 있는 것, 즉 언어와 기법들을 다룬다.

  행동과 관련된 질문의 일반적인 예는 다음과 같다.

  그 주제와 관련된 특별한 단어나 구절은 무엇인가? 일상 언어에서 이와 비슷한 단어는 어떻게 사용되는가? 주제의 일부를 형성하는 풀이 방법과 과정은 무엇인가? 관련된 전문용어는 무엇인가? 학습자가 주제에 대해 설득력 있게 말하고, 기법들을 이용하기 위해 필요한 구절과 문장은 무엇인가? 기법의 사용을 도와주는 내면의 대화는 무엇인가?

- 주로 **감정**과 관련된 질문 : 이런 질문은 학습자에게 동기를 부여하는 주제 아이디어의 원천과 발생, 학습자들이 마주하는 놀라움과 불안을 다룬다.

  감정과 관련된 질문의 일반적인 예는 다음과 같다.

  어떤 문제 또는 문제 상황이 흥미를 불러일으키고, 여러분이 알고 있는 것과 같은 주제가 되도록 방법을 발전시키는가? 어떤 종류의 맥락에서 아이디어와 기법들이 나타나는가? 어떤 종류의 문제가 주제의 답을 구하는 데 도움을 주는가? 주제는 어디에서 나타나는가? 또는 어떤 종류의 상황에서 나타나기 쉬운가? 어떤 놀라움, 부조화 또는 불안들을 마주하게 되는가?

- 주로 **인식**과 관련된 질문 : 이런 질문은 학습자가 마음속에서 주의

> 를 기울이고 경험한 것, 그리고 그들이 적절한 행동을 하기 위해 무엇을 기억해야 하는지를 다룬다.
>
> **인식과 관련된 질문의 일반적인 예는 다음과 같다.**
>
> 어떤 이미지, 직관, 감각, 연결, 결합이 생각나는가? 어떤 종류의 표상(물리적 대상, 그림, 도표, 표, 기호 등)이 적절하고 유익한가? 유용하고 일반적인 예는 무엇인가? 어떤 종류의 복잡함과 어려움이 발생할 수 있는가? 어떤 주제를 접할 수 있는가? 어떤 연결들이 주제나 개념을 풍부하게 하는가? 주제를 이끌어내는 기본적인 구조나 원칙은 무엇인가? 학습자가 특히 주의를 기울일 필요가 있는 것은 무엇인가?

이러한 질문의 답은 부분적으로 개인적이고, 개인적 질문이 유용할지는 개념에 따라 다르다. 여러분의 모든 답은 주제에 대해 가지고 있는 모든 해석, 즉 개념이미지를 구성한다. 이제 잠시 멈추어 분수나 각과 같이 다른 주제를 택하여보자. 그리고 이 질문들이 어떻게 적용될지 생각해보자.

위에서 설명한 질문의 세 가지 범주를 간단하게 보여주기 위한 방법으로 우리는 '주제의 구조'라 부르는 틀을 3개의 엇갈린 선으로 나타낼 수 있다(그림 2.1). 이 구조는 교사가 특별한 주제에 대한 학습자의 경험에 도움이 되는 과제를 선택

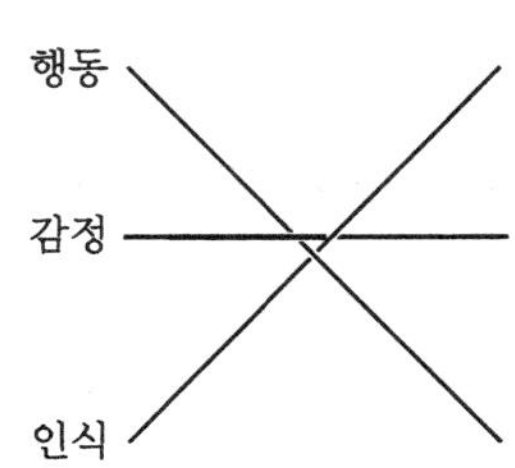

그림 2.1 주제의 구조

하고 보강하며 설계하는 것을 돕는다. 감정선은 가로선이고 행동선은 왼쪽 위에서 오른쪽 아래로 향하며 인식선은 왼쪽 아래에서 오른쪽 위로 향한다.

가테그노(1987)는 오직 인식만이 교육가능하다고 주장하였다. 이 문장은 강력한 주장으로, 도전적인 의미를 내포하고 있다. 가테그노의 주장과 일맥상통하며 행동과 감정에 대응하는 문장이 있다. '오직 행동만이 훈련가능하다.', '오직 감정만이 촉진가능하다.', '행동은 훈련되는 것이다.' 하지만 행동이 변화하는 환경에 유연하고 반응하기 쉽다면 그 때는 틀림없이 인식, 즉 미묘하게 차이를 헤아리는 감성에 의해 안내받고 지시받는다. 그러므로 인식은 교육 가능한 정신의 측면이다. 놀라움, 불안, 인지적 장애와 같은 감정들은 지적인 힘을 사용하는 즐거움과 함께 교육에 대한 동기를 제공한다.

행동-감정-인식 틀은 교사가 가르칠 주제를 준비할 때 스스로에게 할 질문의 종류에 대한 정보를 제공하는 데 사용될 수 있다. 틀은 기계적인 점검표로써 제한적인 가치를 지니지만, 주제가 완전히 포함되는지 불확실할 때 참조할 구조로 사용하기에 유익하다. 주제에 대해 계속해서 기록을 수집하기 위한 기초로써도 틀은 매우 가치 있다.

매시간 주제를 가르칠 때 교사는 학습자로부터 일반적이지 않은 반응을 찾아내고 이를 기록할 수 있다. 구체적 예는 다음과 같다.

- 마름모꼴, 합계, 차이와 같이 일상적으로 사용되는 단어처럼 교사가 사전에 이해하지 못하여 학습자에게 혼란을 주는 단어나 구절
- 학습자가 아직 분명하게 이해하지는 못했지만 구별하는 중임을 보여주는 말이나 행동
- 교사나 학습자가 기법의 활용을 안내하기 위해 사용하는 구절이나 기억술
- 기법을 적용할 수 있거나 아이디어들을 이용할 수 있는 색다른 맥락

- 특정 주제를 학습해야 하는 새로운 문제 상황

교사가 그 주제를 다시 가르치려고 할 때 이와 같은 기록을 수집하는 것은 이전에 개별 교실에 한정하여 준비했던 수업 계획보다 중요한 쟁점들을 의식하는 데 더욱 유용할 것이다.

2.3 특정 주제를 넘어서

수학은 전통적으로 산술, 대수, 기하, 자료 처리와 같은 영역들로 나뉜다. 주제는 다음과 같은 영역의 일부분이다.

- **산술**: 더하기와 빼기, 자연수 곱하기와 나누기, 분수, 음수, 소수
- **대수**: 괄호 전개하기와 인수분해하기, 미지수가 하나 또는 그 이상인 일차방정식 세우기와 풀기, 이차방정식 풀기, 식을 얻기 위해 이차식을 표준형으로 바꾸기
- **기하**: 삼각형과 사각형의 각의 성질, 도형에 이름 붙이기, 원의 정리, 삼각형의 정리
- **자료 처리**: 평균, 중앙값, 최빈값, 표준편차, 분포

이 접근에는 두 가지 문제가 있다. 첫째, 어떤 주제는 하나의 범주 안에 속한다고 하기 쉽지 않다는 것이다. 예를 들어, 좌표 기하는 대수이자 기하이다. 유사하게, 측정은 산술과 기하 모두에서 사용된다.

둘째 문제는 이런 방식으로 주제들을 분리하게 되면 주제들 사이의 연결성이 무시되고 수학은 이질적인 기법과 용어를 광범위하게 모아놓은 것으로 변질

될 수 있다는 것이다. 그 결과 소수, 분수같이 밀접하게 관련된 개념들이 별개의 존재처럼 보이고, 직선과 비 사이의 연결과 같이 주제들 사이의 밀접한 연결들은 완전히 간과된다. 많은 교과서들은 다른 주제들을 연달아 편성하여 '학습자가 지루하지 않게 하기 위한' 방식으로 이런 단절을 부추긴다. 그러나 어스큐(Askew 외, 1997)는 정규 평가에서 성적이 좋은 학급의 교사를 관찰한 결과 이러한 교사의 주요한 특징은 여러 수학 주제가 어떻게 잘 어울리는지에 대한 인식이 풍부하다는 것을 발견하였다.

수학이 영역과 주제로 나뉜다 하더라도 생략되는 특징들이 있을 것이다. 전형적으로 수학을 사용한 문제해결이나 추론, 의사소통과 같이 모든 범주에 걸쳐 있는 측면은 학교에서 점점 발전하는 중요한 측면이지만, 특정 주제에 속하지는 않는다.

각 주제를 범주에 끼워 맞추려고 시도하는 것보다, 다르게 보일 수 있는 주제를 통합시키는 데 도움이 되는 잘 알려진 수학 테마에 관하여 생각하는 것이 유용할 수 있다.

수학 테마

가장 중요한 수학 테마 네 가지는 '자유와 제약', '변화하는 가운데 불변성', '의미 확장하기와 제한하기', '행하기와 거꾸로 행하기'이다.

자유와 제약

1.6절의 과제 2를 생각해보자.

과제2 숫자 5를 사용하지 않고 숫자 8을 사용하며 2와 3 사이에 있으면서 $2\frac{1}{2}$에 가능한 한 가까운 소수를 찾아라.

이 문제에서 여러분은 숫자를 자유롭게 선택할 수 있다. 하지만 조건이 있기 때문에 여러분의 자유는 제약을 받는다. 유사하게, 삼각형을 그릴 때 첫 번째 각은 0°와 180° 사이의 어떤 값을 가질 수 있지만, 다른 두 각은 훨씬 더 제약을 받을 것이다.

방정식을 제약 없이 어떤 값이든 취할 자유를 가진 미지수를 가지고 있는 제약이라고 이해하는 것은 유용하다. 게다가 모든 수학 문제는 명백하고 암묵적인 제약에 의해 한정된 자유를 지닌 대상을 구성하는 과제로 볼 수 있다. 어떤 경우에는 자유가 완전히 한정되어서 어떤 구성도 가능하지 않게 되기도 한다. 예를 들어, 두 직선 $y=3x+2$와 $2y-6x=10$이 교차하는 문제를 생각해보자. 대부분의 과제는 자유가 많은 대상으로부터 시작하여 그 후에 점차적으로 부과되는 일련의 제약들로 인해 자유가 한정되는 것으로 생각할 수 있다.

변화하는 가운데 불변

모든 수학 개념이나 정의는 다른 무언가가 변하지 않는 동안 변하는 구체적인 어떤 것을 포함하고 있다. 예를 들어, 동치인 분수 $\frac{1}{2}$, $\frac{2}{4}$, $\frac{3}{6}$, $\frac{4}{8}$, …는 비록 분자와 분모가 다르더라도 모두 같은 수를 의미한다. '2분의 1'이란 수는 불변이다. 유사하게 각은 포함된 변의 길이나 정점의 위치와 관계없이 그 크기는 불변이다. 대부분 수학적 결과나 사실은 다른 것이 변하는 동안 불변을 유지하는 것에 대한 명제이다. 그러므로 아무리 삼각형의 형태가 변하더라도, 삼각형의 내각의 합은 항상 180°, 두 직각 또는 한 바퀴의 반이다. 이때 단위는 중요하지 않다.

수학 과제를 비슷한 질문의 집합이라 할 때, 불변을 표현하는 것이 있다. 질문은 모두 '같은 종류의 것'이거나 모두 '같은 방법을 사용'할 것이다. 다른 과제는 학습자가 특정 대상의 집합에서 같은 어떤 것을 발견하고 표현하는 것을 필요로 한다. 예를 들어, '임의의 두 개의 홀수를 더하면 짝수가 된다.' 또는 '모든 사각형들은 평면을 쪽매맞춤할 수 있다.'와 같은 예에서, '임의의', '모든'과 같은 단어는 불변량이 있음을 나타낸다.

의미 확장하기와 제한하기

수라는 용어는 숫자 1, 2, 3, …을 세기 위해 사용되고, 후에 0을 포함하기 위해, 분수와 소수를 포함하기 위해, 음수를 포함하기 위해, 나중에는 다른 종류의 '수'를 포함하기 위해 그 의미가 확장되었다. 각 단계에서 '수'는 산술 연산의 성질을 만족하지만 새로운 대상을 포함한다. 유사하게 '정사각형'이란 용어는 연 모양 사각형, 사다리꼴, 마름모, 평행사변형, 사각형뿐 아니라 직사각형의 특별한 경우가 된다. 다른 예는 수의 거듭제곱 3^2, 3^3, 3^4, …이 3^0, 3^{-1} 등을 포함하도록 표기법을 확장시키는 것이다.

때때로 의미는 제한된다. 이등변삼각형은 한 쌍의 변의 길이가 같도록 제한한 삼각형이고, 일반 삼각형과는 다른 특별한 성질이 추론될 수 있다. 3으로 나누어 나머지가 1인 수들 {1, 4, 7, 10, 13, …}은 자연수의 제한된 집합이고 특별한 성질을 가진다. 예를 들면, 나머지가 1인 수 중 임의의 두 수를 곱하면 그 결과도 나머지가 1인 수가 된다. 이 집합에는 일반적인 의미에서는 소수가 아니지만 소수의 역할을 하는 수가 있다. 예를 들어, 10은 이 집합 안에서 10을 나눌 수 있는 다른 어떤 수가 없기 때문에 소수의 역할을 한다. 반면에 28은 4×7이기 때문에 소수의 역할을 하지 않는다. 그러므로 대상을 제한하면 기존 용어인 '소수'는 새로운 의미를 가진 것으로 사용할 수 있다.

행하기와 거꾸로 행하기

답을 구하기 위해 두 수를 더하거나 곱하기, 직사각형으로 이루어진 도형의 넓이 구하기, 또는 괄호 전개하기와 같이 어떤 것을 할 때마다 여러분은 '만약 이것이 답이라면, 문제는 무엇일까?'와 같은 역질문을 할 수 있다. 따라서 $3+4=7$은 $7=?+?$로 바뀌고 $3\times4=12$는 $12=?\times?$로 바꿀 수 있다. 좀더 일반적으로 두 수를 곱한 것의 역은 주어진 수를 인수로 분해하는 것이다. 괄호 전개하기의 역은 대수적 표현으로 인수분해하는 것이다. 이와 같은 전환 또는 '거꾸로 행하기'는 학습자가 제약 내에서 선택의 자유를 경험하면서 창조적인 영역을 탐구할 가능성을 제공한다.

요약

수학 주제들은 기법과 용어의 모음이다. 그러나 가르치는 것은 중요하고 광범위한 수학 테마를 학습자가 인지함으로써 학습자의 경험을 풍부하게 할 수 있도록 해야 한다.

행동, 감정, 인식의 관점으로 볼 때 주제는 다음을 포함한다.

- 주제에서 사용되는 언어와 기법 (행동)
- 주제를 드러내고 해결할 맥락을 제공하는 문제 (감정)
- 주제에 도움을 주고 주제로 인해 풍부해지는 이미지, 연결, 일반적인 인식 (인식)

이러한 특징들은 3개의 선들의 꼬임으로 기술한 주제 구조의 틀로 요약된다

(그림 2.1). 행동을 훈련함으로써 학습자는 유능해질 수 있지만, 부족한 '스키마'에 기초한 도구적 이해에 도달할지 모른다. 학습자는 인식을 교육받음으로써 관계적 이해를 발달시킬 수 있고 학습은 동기에 의해 촉진된다.

03

수학 과제

Mathematical Tasks

과제의 목적은 학습자가 민감하게 인지하고 수행할 수 있는 역량을 갖추도록, 수학적으로 유의한 활동을 시작하게 하는 것이다.

평범한 일상 활동에서 학습자는 자신의 동기를 충족시키기 위해 행동하는 반면, 교육 활동에서는 교사의 과제에 답하기 위해 행동한다. 과제를 제시할 때, **교사**는 과제로 특정 종류의 학습을 촉진시키려는 의도를 갖지만, **학습자**의 동기는 과제가 어떻게 보이는가에 따라 달라진다.

> ...... 교육적 맥락을 신중하게 고려하고 그에 따른 교사의 행동이 수반된 과제를 학생이 수행할 때조차, 의도된 학습이 그들의 과제 수행에서 자동적으로 일어나지 않는다.
>
> 크리스티안센과 발터, 1986, p. 262

3.1절에서는 과제의 목적에 대한 여러 가지 쟁점들을 탐구할 것이다.

교사는 과제 해결이 학습을 촉진시킨다고 믿기 때문에 과제를 제시한다. 하지만 주어진 과제로부터 어떤 학습이 일어나는가? 특정 종류의 학습을 촉진시키기 위해서 과제는 어떻게 선택되는가? 이러한 쟁점들을 논의하는 데 도움이 되는 방식은 서로 다른 틀을 통해 과제의 목적을 살펴보는 것이다. 이러한 접근은 3.2절에서 논의할 것이다.

고려해야 할 것은 교사와 학습자의 인식뿐만이 아니다. 과제는 교실의 사회적이고 제도적인 특수한 환경setting에서 일어난다. 밀리외[1]라는 환경은 학습자가 무엇을 하는지와 어떻게 반응하는지에 중요한 영향을 미칠 수 있다. 3.3절에서는 과제 설계와 관련된 '밀리외'의 개념을 고려할 것이다.

과제의 세부사항은 학습자를 다양한 경험에 접근시킬 수 있는 가능성과 학습

---

1) 역자주: 3.3절에서 논의되는 용어임. 불어로써 무엇인가가 발생하거나 발달되기 위한 물리적, 사회적 환경을 뜻함. 중간(middle)을 뜻하는 라틴어 medius와 본다(see)를 뜻하는 라틴어 lieu의 합성어임.

자를 제한하는 방식에 결정적인 영향을 미친다. 3.4절에서는 '아리스모건'[2])에 폭넓게 적용된 아이디어에 기초한 과제를 예로 제시함으로써, 과제를 나타내는 여러 가지 방법에 따른 결과를 검토할 것이다. 3.5절에서는 주어진 상황에서 특정 과제가 제공하는 가능성과 기회의 범위에 대하여 논의할 것이다.

3.1 목적

과제의 저자는 목적을 가지고 있다. 학습자에게 과제를 제시하는 교사는 의도와 기대를 가지고 있으며 학습자들도 그렇다. 하지만 이러한 목적, 의도, 기대는 매번 충분히 획득될 수는 없다! 다음 과정을 살펴보자.

1. 과제의 저자는 하나의 과제 또는 일련의 과제를 구성한다.
2. 교사는 과제를 사용하기로 결정하거나 또는 주어진 과제를 사용한다.
3. 교사는 학습자가 무엇을 하는지, 전문용어, 기법, 사실, 테마, 힘, 다른 주제와의 연결, 다른 기법과의 관련 등 어떤 것에 직면하는지, 전문용어, 기법, 방법 중에서 무엇을 실행하는지 상상한다.
4. 교사는 유익한 활동이 수행될 수 있도록 어떤 사전 경험이 필요한지 고려한다.
5. 교사는 교실에서 가르친다.

---

2) 역자주: 사각형, 원에 특정한 연산규칙이 적용되도록 하는 퍼즐 (http://www.trottermath.net/probsolv/arithmogons.html)
아리스모건 퍼즐을 만드는 방법은 다음과 같다.
① 그림과 같이 원과 사각형을 그린다.
② 원 위에 좋아하는 정수 3개를 쓴다.
③ 사각형과 인접한 두 원 위의 수를 합하여 사각형 위에 쓴다.
④ 원 위에 적은 정수 3개를 지운 후, 다른 사람에게 원 위의 수를 찾도록 한다.

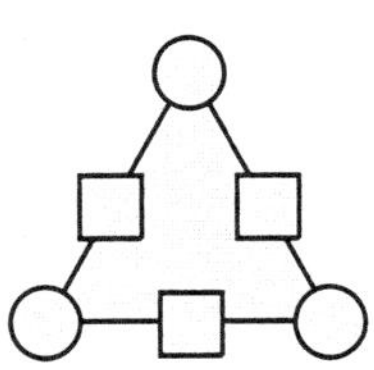

6. 학습자는 무의식적으로 과제를 실천 가능한 것으로 바꿈으로써, 해야 할 것을 스스로 재구성한다.

과제의 각 단계마다 의도와 경험 사이의 부조화가 발생할 수 있다. 스나이더(Snyder, 1970)는 교사가 당연하게 여기고 명확하게 가르치지 않는 측면과 관련한 **잠재적 교육과정**hidden curriculum[3])이라는 용어를 만들었다. 몇 가지 예는 다음과 같다.

- '하고 있는 일을 보여주세요.'가 의미하는 것(학습자는 하고 있는 일을 보여주세요.'란 지시에 책상 위에서 누군가가 분명하게 '일'하는 그림을 그렸다.)
- 교과서 사용 방법
- 학습자가 기여해야 할 때 또는 기여하지 않아야 할 때
- 기법이 한번에 획득되었다고 할 수 없지만, 기법을 완성하기 위해서 사용된 방법이나 맥락

교육과정은 여러 가지 측면에 따라 **의도된**intended **교육과정**(TIMSS, 1997)[4]), **실행된**implemented **교육과정**[5]), **획득된**attained **교육과정**[6])(Schmidt, 1996)으로 나뉜다. 이러한 구분은 전체 교육과정뿐만 아니라 과제에도 적용된다. 학습자에게 무엇이 의도되었는가, 무엇이 실행되었는가, 무엇이 획득되거나 구성되었는가는 서로 다른 것이다.

---

3) 역자주: 잠재적 교육과정(hidden curriculum): 교육과정을 결정하는 권력자나 집단이 의도하지 않았으며 교사가 이를 의식하지 않은 가운데, 학생들의 지식, 태도, 행동에 영향을 미치는 '교육 실천 및 환경'과 '그 결과'를 의미함. 또는 사회에서 권력을 쥐고 있는 집단이 자신들의 이익을 유지하기 위하여 학교의 교육 실천과 환경을 의도적으로 조직하고 통제하는 행위와 그 결과를 의미함.
4) 역자주: 의도된 교육과정(intended curriculum): 공약된 목표로서의 교육과정. 국가수준이나 지역 및 학교수준에서 개발된 교육과정. 이 교육과정은 학교 현장에서 전개되거나 실천되기 이전의 아직도 하나의 '교육적 의도'로 머물러 있는 상태의 교육과정.
5) 역자주: 실행된 교육과정(implemented curriculum): 수업 속에 반영된 교육과정. 공약 또는 규범으로서 수업 속에서 재현되어 실제로 가르치는 수준의 교육과정을 의미함.
6) 역자주: 획득된 교육과정(attained curriculum): 학습성과로서의 교육과정. 수업을 통하여 실현된 교육과정을 의미함. 학생이 실제적으로 배웠는가와 관련된 교육과정.

저자의 목적

만약 저자가 교과서를 발행하기까지 상당한 시간을 투자했다고 가정하고, 학습자가 공들여 과제를 해결한다면 학습이 일어날 것이다.

교과서 저자는 책을 사용하는 모든 사람들이 무엇을 해야 하는지 안다고 생각한다. 저자는 교사의 노력을 최소화시켜 학습자가 능동적으로 수학을 하길 바란다. 결과적으로, 저자는 정확한 설명을 제공하려고 노력한다. 저자는 자신들이 제안한 설명에 따라, 학습자가 근본적인 구조나 일반성을 감지하고, 통합할 수 있도록 충분히 기법을 경험하며, 주제를 이해하고 주목하게 될 것이라고 상상한다.

하지만 그것은 그렇게 간단하지 않다. 쉐발라드(Chevallard, 1985)는 주제의 구조에 대한 전문가인 저자의 인식이 학습자에게 교수로 변형될 때 피할 수 없는 전환이 있다고 지적하였다. 그는 이것을 **교수학적 변환**transposition didactique (didactic transposition)이라고 하였다. 잠재적 교육과정에 대한 스나이더의 제안처럼, 학습자가 학습하는 것과 의도된 것을 실제적으로 학습하는 것 사이에는 큰 차이가 존재한다. 여기가 교사가 필요한 지점이다.

교사는 전문가인 저자가 학습이 일어날 수 있도록 과제를 구성했다고 가정했으므로, 교사가 할 일은 학습자가 과제에 접근 가능하도록 만드는 것이라고 생각할 것이다. 이에 따라, 교사는 자신들이 생각하기에 학습자를 동기화시킬 수 있는 어느 정도 상상된 맥락을 구축하고 나서, 몇 가지 예시들에 대하여 기법을 시연하고 최종적으로 학습자들이 과제를 해결하도록 한다. 하지만 이것은 여전히 충분하지 않다. 왜냐하면 교실의 사회적 밀리외 내에서 교사, 학습자, 수학 사이의 상호작용이라는 교수의 핵심부분을 놓쳤기 때문이다. 이러한 상호작용은 교사의 수학 주제 이면과 주제의 구조에 대한 인식과 함께 학습자가 자신의 힘을 사용할 수 있다는 가능성에 대한 인식에서 나타난다.

저자가 아무리 모든 교사가 사용할 수 있는 과제를 만들었다 해도, 교사가 과제의 잠재성을 인식해야만, 그 과제는 비로소 효율적으로 사용될 수 있다. 하지만 상황은 그렇게 간단하지 않다.

반대로, 만일 저자가 각각의 과제에 대하여 의도, 목적, 생각을 자세히 설명한다면, 그 결과는 거대한 크기의 '교사용 지도서'가 될 것이다. 대부분의 교사는 그러한 지도서를 읽고 내면화할 시간이 없다. 하지만 교사가 부지런히 그것을 읽더라도, 교사는 여전히 교수학적 변환의 또 다른 형태를 경험할 것이다. 왜냐하면 저자가 아무리 과제 구조의 이면에 숨어 있는 인식을 설명하려고 할지라도, 교사들에게 저자들의 설명은 교사를 위한 지시로 이해되기 쉽기 때문이다. 효율적인 교수를 알아내려는 자연스러움, 통찰, 인식은 '제안된 모든 것을 기억하려는 시도'에 의해 모호해질 수 있다. 연수를 한 보람도 없이 영국의 국가 수리 전략(National Numeracy Strategy: NSS7)을 실행한 많은 교사들은 '자신들이 들은 대로 행동하는' 스스로를 발견하고, 결국 창의성을 잃었음을 발견하였다.

반대로 만일 저자가 과제 이면의 의도와 목적을 설명하지 않는다면, 교사는 과제가 그 고유의 맥락에서 효율적인지 또는 다른 방식으로 수정되거나 논의가 필요한지 스스로 결정해야만 한다. 이 책에서 설명한 틀과 제안은 그러한 결정에 대한 정보를 알려주기 위한 것이다. 몇몇 교사는 준비된 형태로 과제를 받아들이기 어려울 수 있다. 이는 아마도 교사가 과제의 더 넓은 목적을 인식하지 못하였거나, 실험할 시간을 가지지 못했기 때문일 것이다.

---

7) 역자주: National Numeracy Strategy: 영국 초등학교에서 수리 규준을 높이기 위해 실행한 국가 프로젝트. 국가 수준의 현직 교사 연수 프로그램을 통해 교수 방식의 변화를 시도하였으며, 이를 위해 교사교육과 교수 실행을 지원할 수 있는 질 높은 수업자원을 제작하는 데 치중함(Jones, D. (2002). National numeracy initiatives in England and Wales: a comparative study of policy. *The Curriculum Journal*, 13(1), 5-23.)

태도와 믿음

학습자가 학교에서 수업을 할 때, 그들은 일반적인 목적이 있다. 학습자의 일반적인 목적은 소란을 피하고, 교사의 관심을 끌고, 친구들에게 자랑하고, 가능한 한 적게 수업하되, 수업을 통해 많은 것을 얻고, 새로운 도전을 경험하는 것이다. 학습자가 과제를 학습할 때 가장 큰 영향을 미치는 것은, 학습자가 그 주제에 어느 정도로 몰입하였는지, 반대로 가능한 빨리 과제를 완료시키고 싶어하는지와 같은 과제에 대한 학습자의 태도이다.

드웩(Dweck, 1999)의 연구는 사람들의 신념이 학습에서의 성공에 어떻게 영향을 미치는가를 보여준다. 몇몇 학습자는 자신들의 지능과 역량이 변하지 않는다고 믿고 행동한다. 따라서 그들은 즐기지 못하고 실패를 다소 두려워한다. 난관에 부딪쳤을 때 얼어붙거나 포기하는 경향이 있고, 자신의 실패를 자신의 탓으로 받아들인다. 이와 다른 학습자는 자신들의 지능과 역량이 발달가능하며 성숙할 수 있는 것으로 믿고 행동한다. 그들은 도전을 즐기는 경향이 있다. 어려움에 직면하는 것은 그들에게 좋은 기회이다. 심지어 그들은 실패의 관점이 아닌 기회의 관점에서 생각한다.

그럼에도 불구하고, 성공적인 학습자도 학습이 어려워지고 도전을 감내해야 하는 순간들을 꺼릴지도 모른다. 왜냐하면 그들도 내심, 누군가가 '자신이 정말로 이해하지 못하고 있음을 발견'할 것을 두려워하기 때문이다. 대조적으로 다른 사람들이 피상적인 방식에 만족하는 동안, 성공적이지 못한 학습자는 깊은 이해를 얻고자 노력해왔기 때문에 갑자기 능력을 표출할 수도 있다.

아마도 역설적으로 역량에 한계가 있다는 믿음은 성공에 대한 거듭되는 공개적 칭찬에 의해 강화될 수 있다. 그러한 칭찬은 학습자가 이제껏 경험하지 못했던 두려움을 기대로 바꾸어주기 때문이다. 그러나 만일 칭찬이 과용된다면 학습자는 곧 이것을 인식하고 믿지 않는다. 학습자가 자신의 역량을 고정된 것이 아니라 발전되는 것으로 보길 바라는 교사는 학습자가 '나는 못해'를 '나는 시도할 수 있어, 나는 더 열심히 할 수 있어, 나는 배울 수 있어'로 바꿀 수 있도록 학습자를 격려한다.

교사와 학습자의 목적

브루소(Brousseau, 1997)는 교사와 학습자 사이에 암묵적인 계약이 있다고 지적하였는데 그는 그것을 **교수학적 계약**contrat diadactique이라 명명하였다. 교사는 과제를 할당하고, 학습자는 그 과제를 한다. 그 결과 학습이 일어난다. 하지만 이것은 피할 수 없는 긴장을 발생시킨다.

> 교사가 주어진 과제를 통해 기대할 수 있는 명백한 행동을 분명히 지시할수록, 학습자 스스로 과제를 개발하거나 재구성하지 않아도 그 행동을 보여주기는 더욱 쉬워진다.
>
> 브루소, 1997

다시 말하면, 과제에 대한 가르침이 너무 직접적일 때, 과제 이면의 의도된 아이디어를 실제로 잘 모르고 과제를 해결할 수도 있다.

과제 해결은 다양한 방식으로 의도된 학습을 만드는데 실패를 가져올 수 있다. 학습자의 근본적인 동기는 무언가를 학습하는 데 관심이 있기보다는 단순히 교사에 의해 제시된 과제를 해결하는 것일지도 모른다. 학습자가 학습의 관점에서 자신의 활동을 보더라도 교사가 학습하길 원하는 것이 무엇인지 이해하는 데는 아마도 상당한 어려움을 겪을 수 있다. 학습자와 교사가 과제를 어떻게 보는지의 차이는 효과적인 과제를 고안하려고 할 때 주요한 문제이다. 게다가 학습자는 활동적인 과제를 **하는 것** 자체에 자주 몰입한다. 여기서 과제를 한다는 것은 선을 조심스럽게 그리거나 색칠을 하거나 자르는 것 등을 뜻한다. 학습자가 활동에 몰입한다 할지라도, 의도된 학습이 일어나지 않을 수 있다.

그럼에도 불구하고 학습자가 중요한 것을 배웠다면 그들이 학습한 것은 서로 다를 수 있다. 어떤 학습자는 체계적으로 활동하면서 더욱 정확하게 장점을 '발견'하거나 경험하는 반면 다른 학습자는 일반화를 통해 특수한 경우를 경험할 수 있다. 또 다른 학습자는 특별한 내용과 이미 사용한 기법에 여전히 초점을 맞출 수 있다. 아마 교사가 예상한 중요한 점을 인식하는 학습자는 소수일 것이다. 학습자마다 경험이 서로 다르므로 학습하고 행한 것에 대한 학습자의 성찰은 필수적이다. 만일 학습자의 동기가 단지 과제를 완료하는 것이라면 결과적으로 나타나는 활동이 교사가 의도한 것이 아닐 수 있다.

3.2 과제에 대한 사고 틀

연구자들은 교사가 과제에 의도된 다양한 목적을 다루는 방법으로써 과제에 대한 몇 가지 사고의 틀을 제시하였다. 이 틀은 학습자가 과제를 해결할 때 필요한 유용한 조언을 포함하고 있다.

보기-경험하기-숙달하기

수업시간에 학습자가 성취하는 것은 무엇인가? 어떤 학습자는 새로운 아이디어를 알게 되기도 하고 예전에 알고 있던 아이디어의 새로운 형태를 알게 되기도 한다. 다른 학습자는 이전에 학습한 것을 더 학습하게 될 수도 있다. 또 다른 학습자는 과제를 통해 역량을 발달시키기 위해 언어나 기술을 사용하고, 추후 언어나 기술을 사용할 때를 대비하여 내면화시킬 수 있도록 연습하고 있을 수도 있다.

세 가지 가능한 결과는 **보기-경험하기-숙달하기**See-Experience-Master 틀(Floyd 외, 1987)로 요약되는 수업 목적에 대한 사고 방식으로 나타난다. 학습자가 주제나 개념, 기법을 처음 맞닥뜨리게 되면 각각에 대해 세부사항을 분명하게 파악하지는 않을 것이다. 단지 '**보고** 지나치기see it go by'에 지나지 않을 것이다. 반복된 노출을 통해서만 학습자는 익숙해지고 활용할 수 있는 충분한 경험을 얻게 될 것이다. 반복된 연습으로 학습자는 세부사항에 관심을 덜 기울일 수 있고, 주제 또는 개념, 기법이 무엇에 관한 것인지를 **숙달**할 수 있다. 숙달은 학습자의 역량이 성장하고 기능이 발달하는 것이다. 주제 또는 개념, 기법의 숙달은 내면화되었음을 의미하므로 적어도 반자동적으로 기능하여 학습자는 잘 이해하고 있다는 느낌을 갖는다. 더 이상 학습자는 과제를 수행할 때 자신의 모든 관심을 기울일 필요가 없다.

보기-경험하기-숙달하기라는 단어에는 과제의 목적으로 적어도 다음 중의 하나를 포함하고 있다.

- 학습자를 새로운 것에 노출시키기 (보기)
- 익숙해지도록 학습자의 경험을 확장하기 (경험하기)
- 역량과 기능을 더 발달시키도록 행동을 연습하기 (숙달하기)

보기-경험하기-숙달하기 틀은 학습자에게 명백하지 않아도 효과적일 수 있다. 이것이 수학 수업을 안내하는 틀이 된다면 학습자가 주어진 수업에서 무엇을 기대하고 있는지 모르더라도 또는 교사가 학습자의 의도된 경험이 무엇인지 정확하게 알지 못하더라도 학습자는 학습의 습관적 방식에 대한 이미지를 형성할 수 있다. 학습자가 가진 학습의 방식에 대한 이미지는 효율적인 교수에 있어서 중요한 요소이다. 그것은 교실의 밀리외, 즉 환경의 한 부분이 된다.

내적 과제와 외적 과제

수업의 목적과 목표가 무엇인지 학습자가 알고 있다 할지라도 수업 목표 중 일부는 교사 스스로 문제시하지 않으면 분명하지 않다. 타타(Tata, 1981)는 학습자가 분명히 해야 하는 **외적 과제**outer task와 과제를 수행하면서 학습자가 직면하는 **내적 과제**inner task 사이의 중요하지만 미묘한 구분에 주목하였다.

내적 과제는 학습자가 직면하게 되는 수학의 테마, 주제, 용어, 기법과 적용된 인식뿐 아니라 학습자 스스로 이용하고 있음을 발견하게 되는 수학적 힘과 관련이 있다. 학습자가 이러한 측면들을 직면**할 것인지** 확신하기 어렵지만, 적어도 몇몇 학습자는 이러한 측면들을 직면할 것이고 토론을 통해 전체 수업에서 주목하게 될 수도 있다.

내적 과제에 대한 타타의 개념은 다음과 같이 다양한 특징을 포함하면서 유용하게 확장될 수 있다.

- 주제에 대해 새롭거나 이전 주제로부터 도출되거나 아이디어를 표현하는 데 필요한 전문적인 언어 사용
- 이전에 알고 있는 기법의 사용
- 특수화하기와 일반화하기, 추측하기와 납득시키기, 상상하기와 표현하기 등과 같은 수학적 힘의 사용
- 변화 속의 불변, 자유와 제한, 행하기와 되돌리기, 표현과 해석의 다중성 등과 같은 수학 테마로 연결

'메타-과제'라는 용어는 수학 그 자체를 넘어선 함의나 울림을 가진 광범위한 인식을 언급하는 데 사용될 수 있다. 그러한 인식은 다음과 같은 지식을 포함한다.

- 수학적 분석을 할 수 있는 많은 상황들이 있다.
- 대개 현상을 보고 해석하는 다양한 방식들이 있다.
- 제한된 수학 학습과 교수학적 제약에 대한 학습자의 분투 사이의 울림이 있다.
- 수학적 의미를 확장시키기와 제한시키기와 역사적 사건들을 해석하는 데 발생하는 변화들 사이에 울림이 있다.

이러한 울림들에 대하여 교사가 솔직할 필요는 없다. 사실, 울림이 암묵적일 때 수학 학습은 더욱 효율적이다.

세 번째 과제는 **개인** 과제이다. 이 과제는 개인적 선호와 성향을 인지하는 것을 포함하며, 발달을 저해하는 것으로부터 학습자를 보호한다. 개인적 성향은 아마도 과제에 접근하는 가장 좋은 방법을 뒤로 물러서서 생각하려고 하지 않고 과제에 뛰어드는 학습자의 경향, 또는 수의 중요성을 고려하지 않고 계산기를 활용하는 경향, 바탕이 되는 구조에 집중하기보다는 결과표를 만들고 예를 떠올리는 경향 등을 포함한다.

과제 목표 분명히 하기

과제의 숨겨진 특징들에 대해 관찰하다 보면 명백한 역설에 도달하게 된다. 예를 들어, 교사의 목표가 개념, 테크닉, 사고방식을 학습자 스스로 (재)구성할 수 있도록 경험을 제공하는 것이라면, 수업의 목표를 더욱 정확하고 명료하게 교사가 표현할수록, 결과는 목표와 더욱 상충될 것이다. 게다가 교사가 학습자에게 내적 과제를 설명한다면, 학습자가 과제의 측면을 직시하고 자신의 것을 만드는 데 더욱 어려워질 수 있다.

과제의 내적, 외적, 메타, 개인적 측면에 관하여 사고함으로써 수업의 목표는 폭넓은 범위의 형태로 진술될 수 있다. 교사는 '오늘 우리는 사각형의 이름, 분수의 덧셈, 소수의 곱셈 ……을 살펴볼 거예요'와 같이 정확히 기술할 수 있다. 또는 '오늘 우리는 이전 수업에서 다루지 않았던 수학주제를 학습할 거예요'와 같이 특정 수학주제를 언급할 수도 있다. '오늘 단순히 주어진 문제를 풀기보다는, 문제에 접근하는 서로 다른 두 가지 이상의 방법을 살펴볼 겁니다' 학습의 개인적 측면을 제시하기도 한다.

물론 힘, 주제, 성향에 직면하기와 경험으로부터 학습하기는 전혀 별개이다. 그것은 교사가 과제의 여러 측면에 대하여 스스로 민감해져야 할 필요가 있는 이유이고, 당면한 무엇인가에 대해 멈추고 계속할 순간이 언제인지 생각하는 전략을 가져야 하는 이유이다. 이러한 전략들은 4.3절에서 논의할 것이다.

조작하기-감각획득하기-명료하게 표현하기

과제에 대한 중요한 사고의 틀은 '조작하기-감각획득하기-명료하게 표현하기'로 요약된다. 외적 과제는 학습자를 전자 화면의 대상을 포함한 물리적, 정신적, 기호적 또는 이 세 가지를 혼합한 대상들을 **조작하는** 것에 참여시킨다. 그 동안 내적 과제와 조작의 목적은 학습자를 참여시켜 근본적인 구조, 패턴, 관계에 대한 감각을 획득하도록 하는 것이다. 그 구조에 대한 학습자의 감각이 점차 일관될수록, 학습자는 자신들이 이해한 것을 명료하게 표현하기(묘사하기 또는 기호화기)가 쉬워짐을 깨닫는다.

교사가 명백히 하려는 것과 상관없이, 학습은 변형의 과정이 일어나야 한다. 심지어 학습자에게 구조, 패턴, 관계를 보여주고 알려주었을지라도 그들 스스로 그것을 내면화시켜야만 한다. 바꿔 말하면, 학습자가 무언가를 들었다고 해서 들은 것을 인식하거나 스스로 그것을 재구성하는 것으로 바로 연결되지 않는다. 교사가 명백하게 무언가를 알려줄지라도, 학습자는 그것을 자신이 알고 있는 지식으로 변형해야만 한다.

학습자 스스로 지식을 재구성해야 하는 본질적인 필요성은 **구성주의**라고 알려진 관점의 바탕이 되었다. 첫째, 구성주의는 심리학 문헌에 주로 기초하고 있고, 이전의 수많은 학자들(Lerman, 1989; Davis, Maher and Noddings, 1990)을 바탕으로 한 피아제의 논문에서 주로 기인하였다. 폰 글라저스펠트(von Glaserfeld, 1995)의 급진적 구성주의는 학습자에 의해 구성된 의미를 강조한다. 폰 글라저스펠트에 의하면, 학습자는 자신의 경험만으로 의미를 구성하고, 의미가 부여될 수 있는 어떤 '객관적인' 외적 현실의 존재를 생각하지 않았다. 다른 학자들(Cobb, 1994; Lerman, 1996)은 학습자를 스스로 내면화하는 존재로 보는 것이 아니라 다른 전문가가 제시한(비고츠키가 사용한 용어인) **고차원 심리적 과정**higher-psychological process을 내면화하는 존재로 보는 구성주의의 사회적 해석을 선호하였다. 이런 방식으로, 학습자는 자신들 주위의 관행으로부터 선택한 방법으로 말하고, 행동하고, 심지어 생각하는 것을 학습한다. 이러한 사회적 관점의 극적인 형태들은 수학 지식이 개인에 위치하고 있지 않고, 언어와 다른 사회적 관행에 위치한다고 주장한다. 구성주의의 이러한 여러 가지 형태에서 학습자는 말로 나타내기 또는 '명료하게 표현하기'가 점차 쉬워지는 과정인 '조작하기'로부터 '감각획득하기' 과정을 거치는 것으로 보여질 수 있다.

수학적 힘 사용하기와 연마하기

학습자는 새로운 아이디어를 어떻게 다루는가? 이전에 다루었던 기법으로부터 어떻게 경험을 얻는가? 이미 익숙한 기법으로 자신의 재능을 어떻게 발전시키는가? 학습자에게 유사한 계산을 반복해서 시키는 '실행'의 아이디어는 인류가 수학을 가르치려고 시도한 수천 년 동안 매우 제한적인 성공을 거두었다. 수업 목표 달성을 위해서는 학습자를 자연적이거나 선천적인 힘을 사용하고 다듬는 사람으로 보는 것이 더 유익한 접근이다.

학습자는 다음과 같은 자연적이거나 선천적인 힘을 지니고 수업에 참여한다.

- 패턴을 상상하고 알아낸다.
- 단어, 그림, 행동, 그리고/또는 기호로 그러한 패턴을 표현한다.
- 무엇이 진행되고 있는지 볼 목적으로, 일반성의 특별한 경우를 선택한다.
- 스스로 재일반화한다.
- 추측한다.
- 자신과 다른 사람들에게 확신을 줄 목적으로 그러한 추측을 변경한다.

주제가 무엇이든 간에 교사가 학습자를 위해 학습을 세밀하게 구조화했을 때보다 학습자의 힘을 사용하도록 학습자를 독려했을 때 더욱 실제적인 학습이 된다.

물론, 과제를 잘 구조화함으로써 '누구나' 무엇을 해야 할지 알 수 있고, 문제없이 과제를 해결할 수 있도록 하는 것은 교사에게 솔깃한 유혹이다. 하지만 교사가 과제를 더욱 정확하게 구조화할수록 과제를 통해 학습자가 얻을 수 있는 것은 더욱 적어질 수 있다. 이것이 3.1절에서 언급한 쉐발라드의 **교수학적 변환**이다. 과제의 지나친 구조화로 인한 영향 중 하나는 과제 제안자가 경험할 것이라 기대한 모든 재미와 흥미가 사라지고, 학습자는 일련의 가르침만 경험하게 된다는 것이다. 교사가 과제를 하부과제로 조직하거나 학습자가 표를 만들거나, 다른 예를 제안해보거나, 학습자의 추측을 정당화하거나, 일반화하도록 제안하는 자극은 가르침이 된다. 흥미에 대한 근본적인 자극은 활동지에 의해 사라질지도 모른다.

스테인(1987)은 '사고하는 것을 가르치겠다'는 의도는 '여러 종류의 문제를 해결하는 방법을 가르치는 것으로 바뀌고 결국 알고리즘에 대한 교수가 되어 학습자는 생각할 필요가 없어진다고 지적하였다. 수학적 기법의 전체 포인트는 '사전지식 없이 사고하기'와 별개로 문제를 해결할 수 있는 것이기 때문에 기법을 학습하는 것은 수학 활용에 대한 효율적인 학습 방식처럼 보일 수 있다. 하지만 사고없는 기법은 기본적으로 소용이 없다. 사고없는 기법은 융통성없이 훈련된 행동이라는 스켐프(1976)의 논리에 따르면 '관계적'이기보다는 '도구적'이다(1.1절을 참고하라). 만일 학습자가 특별한 기법을 사용할 수 있다는 것을 알게 되면, 학습자는 그 방법이 적절하거나 효율적인지 생각하지 않고 그 방법을 적용할 가능성이 높다.

학습자가 자신의 힘을 자연스럽게 사용할 때 느끼는 기쁨이 강요될 때는 사라져버린다. 활동지를 사전에 구조화하는 것보다 더욱 효율적인 전략은 학습자의 힘을 사용할 수 있는 여러 가지 방식에 관심을 갖고, 미래에 더욱 효율적으로 사용할 수 있는 방식에 관심을 갖도록 하는 것이다. 학습자가 무엇을 할지 결정했을 때 에너지가 생기고, 창의적인 순간을 경험하고, 수학적 사고는 활기차게 된다.

3.3 밀리외

전통적으로 수학교육은 수학, 학습자, 교사라는 세 가지 측면에 관심을 기울여왔다. 브루소는 교수 · 학습에 대한 자신의 이론에서 이 세 가지 측면을 밀리외로 확장했다. 밀리외는 교수 · 학습 환경으로 다음과 같은 것을 포함한다.

- 교실분위기와 학습 방법
- 학습이 일어나도록 학습자와 교사가 책임지는 정도
- 사회적 구조, 자원과 같은 교실 조직 등

각각의 특징은 교사, 개인 학습자, 교실 전체가 과제에 반응하는 방법에 영향을 미친다. 특정한 시간과 특정한 장소에서 교사와 학습자가 과제에 몰입하기 전까지 또는 과제가 관계된 밀리외가 존재하기 전까지, 과제는 하나의 아이디어에 지나지 않는다는 것을 명심하자.

과제의 교육적 효과에 영향을 미치는 밀리외의 특징은 다음과 같다.

- 배우려는 의지가 없는 학습자는 배우고자 하는 학습자와 다른 방식으로 반응할 것이다.
- 특수화하고 일반화하는 데 자신의 능력을 익숙하게 사용하는 학습자는 수학적 사고에 몰입하기 쉽다.
- 과제 수행을 위해 정확한 수업을 받는 데 익숙한 학습자에게 창의성을 요구하는 과제는 어려울 수 있다.
- '낮은 점수를 얻은 학습자' 또는 '하위 그룹'이라는 꼬리표를 단 학습자는 아마 자신에 대하여 낮은 기대감을 가지고 있기 때문에 자신이 무엇을 시도할 수 있는지와 얼마나 열심히 할 수 있는지에 대해 제한된 사고를 가지게 된다.
- '상위 그룹'의 학습자는 과제를 수행하는 데 일정한 부담을 느끼거나 과도한 자신감에 차있을 수도 있다. 어떤 경우든 학습자의 반응에 영향을 줄 것이다.
- 불편하게 느껴지는 공간에 있는 학습자는 주의 집중이 어려울 것이다.
- 만일 참고자료가 부적절하다면 실행된 과제는 의도된 과제와 다를 것이다.

대체로 처음 두 가지 측면은 교실분위기와 학습 방법과 관련된다. 다음에 제시된 세 가지는 학습의 책임감이 어디에 있는지와 어떻게 학습자의 자신감과 자부심이 높아지는지와 관련되어 있다. 자신감과 자부심이 높아지면 학습자는 책임감을 더 갖게 된다. 그리고 마지막 두 가지는 교실조직 내에서 나타나는 사회적 또는 제도적 환경과 관련된다.

교실분위기와 학습 방법, 학습자가 교사에게 의존하거나 스스로 책임감을 갖는 정도, 그리고 교실 조직은 모두 독립적이다. 이들은 교사 또는 학습자들이 독점하여 지배하는 것이 아니라 상호작용의 결과로써 발전한다. 그리고 이들은 결정적으로 교실에서의 활동에 영향을 미친다. 밀리외의 이런 측면들을 학습자의 자신감과 자부심과 관련하여 지금부터 차례차례 알아볼 것이다.

교실분위기와 학습 방법

학습자는 기대를 가지고 수업에 참여하지만 이런 기대는 교실분위기와 학습 방법에 따라서 구성되고 바뀐다. 예를 들어, 만약 학습자가 모든 수업이 새로운 과제로 시작할 것이라는 기대를 갖고 있다면 그들은 항상 주도권을 갖고 있는 교사에게 의존하게 될 것이다. 반대로, 학습자의 기대의 폭이 넓어지면 제시 방식의 변화에 대해 더 개방적이 되고 도전에 기꺼이 응할 수 있게 된다. 융통성 있는 접근의 예로 보기-경험하기-숙달하기 틀을 들 수 있다. 이 틀에서 학습자는 새로운 아이디어를 접하고 그 아이디어를 되풀이하여 경험하고 시간이 흐름에 따라 능숙함과 재능을 발전시킴으로써 그 아이디어를 숙달하기를 기대한다.

교사는 효과적인 수학 학습과 일치하는 기대를 만들어 내는 역할을 하고 수학적 사고를 발전시키고 유지하는 학습 방법을 확립한다. 교사의 목적은 학습자의 행동을 훈련시킬 뿐만 아니라 인식을 가르칠 수 있는 상황을 제공하는 것이다. 왜냐하면 과제가 효과적이려면 이 두 가지가 밀접하게 연관되어야 하기 때문이다. 결과적으로 학습자는 문제가 단순히 기억을 테스트하는 것이 아니라 노력이 필요한 도전이라고 보는 태도를 길러야 한다. 그러나 동시에 기법이 자동화되고 내면화될 수 있도록 연습해야 한다.

기대를 형성시킬 때 교실분위기는 매우 중요하다. 학습자가 수학적으로 사고하는 것을 돕기 위한 교실분위기로 **추측하는 분위기**가 되어야 한다. 추측하는 분위기는 학습자가 비록 확신이 없더라도 생각나는 대로 말하도록 격려하여 아이디어가 발전하는 학습 방식이 생겨나게 한다. 학급의 나머지 학생들은 그 아이디어를 성찰하고 테스트한다. 학습자는 아이디어를 단순히 받아들이거나 거부하기보다 이해하도록 학급 전체가 책임감을 갖고 공동 학습에 참여한다. 추측을 명확히 하거나 수정하는 데 다른 사람의 도움을 얻기 위해서 의견을 제시한다. 진술이 단지 추측일 뿐임을 강조하면 그것을 무효화하고 수업의 주된 흐름으로 돌아가는 것이 훨씬 쉬워진다. 추측은 기록되고 만약 다른 상황과 관련된다면 되돌아갈 수 있다. 가장 중요한 것은 관심이 추측의 맞고 틀림에 관한 것으로부터 추측이 정당화될 때까지 추측을 향상시키고 개선하는 것으로 전환된다는 것이다.

추측하는 분위기에서는 누구든지 다른 사람을 확신시키기 위해 자신의 생각을 설명하도록 요청받을 수 있다. 그래서 두 사람의 의견이 일치하지 않을 때, 각자 서로를 설득하고 상대방의 입장을 반박하는 예를 제시하기 위해 노력한다. 그렇게 함으로써 수학적 사고를 하게 된다. 중요한 것은 답을 맞추는 것이 아니라 서로 무엇이 참이 되어야 하는지에 대한 합의에 이르는 것이다. 그래서 추측하기와 납득시키기가 가치 있게 여겨질 때 수학적 사고가 더 잘 자라게 된다. 반대로, 학습자가 수동적으로 받아들이기만 할 때 추론과 정당화는 좌절된다.

르그랑은 추측하기와 관련된 접근을 지지해왔다. 그는 학습자에게 자신이 과학적인 논쟁이라고 명명한 것을 소개하는 것이 중요하다고 강조했다(Legrand, 1993; Mason, 2001). 학습자는 **과학 공동체**의 참가자이다. 과학 공동체는 추측과 수정, 증명과 반박을 통해 성장한다. 이 접근은 라카토스(Lakatos, 1976)가 만들어 낸 아이디어에 기반하고 있다.

르그랑의 과학적 논쟁을 위한 원리는 다음을 포함한다.

- 장애Disturbance: 학생들은 반드시 갈등에 부딪혀야 하고 일상적인 합리성을 통해 갈등을 다루어야 한다.
- 포괄성Inclusiveness: 모든 인간은 배운 내용의 깊은 의미를 이해할 기회를 가져야 한다.
- 공동성Collectivity: 쟁점에 대한 공동의 해결은 어떻게 모순을 다루고 어떻게 다른 사람의 관점을 존중하는지를 보여준다.

과학적인 논쟁은 학습자가 추측을 제기할 때 자연스럽게 발생할 수 있다. 여러 가지 추측이 있을 때 추측들은 종종 서로 다른 해석을 낳는다. 만약 교사가 그 차이점을 인정하지 않거나 차이점을 인식하지 못한 채로 하나의 추측이 맞다고 선언한다면 학습자는 수학을 이해하기 어렵고 '단순히 규칙들을 배우는 것'이라고 느끼게 되기 쉽다. 그래서 교사는 두세 개의 경쟁하는 추측들을 미해결인 채로 남겨두고 토론을 끝낼 필요가 있다. 해결되지 않은 추측들은 교실의 추측 칠판에 적어두고 다음에 다시 다룰 수 있다. 이렇게 하여 추측하는 분위기를 강화하고 학습자가 독립적으로 학습할 수 있도록 하는 자극을 줄 수 있다.

추측을 불러일으키는 과제가 정교할 필요는 없다. 예를 들어, 아래의 과제는 저학년 학습자의 추측하기를 촉진할 수 있다.

교사가 평평한 판지로 모양을 만들어서 스크린 뒤에 숨겨두고 모양을 서서히 스크린 위로 밀어 올려 모양이 드러나게 했다. 새로운 특성이 나타날 때마다 학습자에게 그 모양이 어떤 것일지 추측하도록 했다. 처음에는 연모양, 직사각형, 오각형, 직각삼각형 또는 다른 어떤 것으로 추측했다. (그림 3.1a를 보라.) 다음 단계에서 그 가능성이 줄어들었다. (그림 3.1b를 보라.)

물론 학습자가 단순히 추측을 만들어내고 토론하는 것만으로는 충분하지 않다. 과제를 하면서 학습하기 위해서는 일반적으로 학습자가 일어났던 일에 대해 다시 생각해보는 성찰이 필요하다. 학습자들이 **어떻게** 답을 찾기 위해 시도했는가와 어떤 전략이 가장 효과적이었는지에 관심을 기울이는 것이 가장 중요하다.

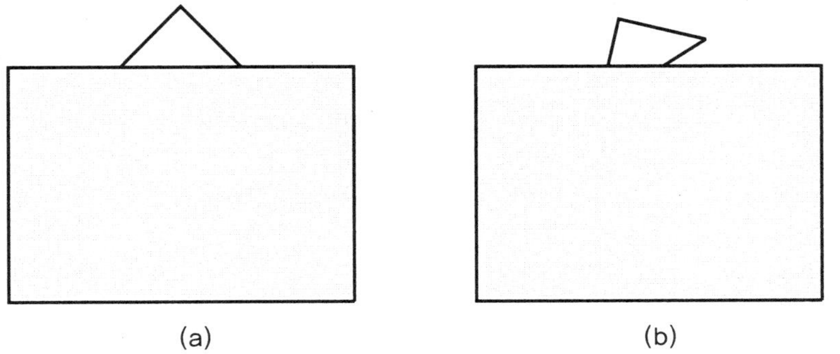

그림 3.1 판지 모양

이를 위해 교사는 과제의 핵심이 올바른 답을 찾는 것이 아님을 강조할 필요가 있다. 스티글러와 히버트(Stigler & Hiebert, 1999)는 일본의 교사는 하나의 정답을 찾기보다는 '몇 가지 방법을 찾을 수 있니?'라고 묻는 경향이 있다고 보고하였다.

주어진 것을 받아들이는 것에서 추측을 주장하는 것으로 변화한 학습자는 훨씬 더 독립적이고 예상 밖의 상황에 잘 대처할 수 있다. 수학적으로 사고하도록 격려 받을 때 모든 수준의 학습자는 일상적인 문제 상황뿐만 아니라 특이한 문제 상황에서도 해결을 위해 노력할 수 있게 된다. 학습자는 성찰을 통해 스스로 아이디어와 테크닉을 재구성하기 위해 노력한다. 성찰을 자극하기 위한 구체적인 전략은 5장에서 서술한다.

교실분위기와 학습 방법은 보통 새 학년 또는 새 학기의 처음 며칠 사이에 확립된다. 그러나 시간이 지남에 따라 문제가 발생할 수 있다. 실제 수업은 방향을 잃고 진부해지기 쉬워서, 원래 의도된 분위기를 더 이상 만들어내지 못하게 될 수 있다. 게다가, 학습자가 특정한 학습 방법에 익숙해지면 급진적인 변화를 싫어할 수도 있다. 이 시점에서 교사가 효과적으로 변화를 만들 수 있는 방법은 학습자가 자신이 생각한 것을 확인하고 새로운 학습 방법을 시도해보도록 하는 것이다. 처음에는 이상하게 여겨질 수도 있다. 그러나 이것은 교수학적 계약을 개방적이고 분명하게 만들기 위한 것이다. 그 계약의 일환으로 일부 시간은 학습자가 안도감을 느낄 수 있도록 학습자에게 익숙한 방식으로 학습하고 일부 시간은 새로운 방식으로 학습할 수도 있다.

학습의 책임감

교실분위기와 학습 방법의 확립에 있어서 교사와 학습자의 책임감 사이의 관계는 중요하다. 문제는 학습을 위한 책임감이 교사와 학생 중에 누구에게 있느냐이다.

전통적으로 교사의 책임감이 강조됐다. 이 맥락에서 널리 퍼져있는 두 가지의 아이디어는 교사가 '현재 학습자의 위치에서 시작'할 필요가 있다는 것과 학습자가 특정 주제를 학습하기 위해서 '준비'될 필요가 있다는 것이다. 각각의 아이디어는 중요한 사실을 바탕으로 하고 있지만 또한 오해의 소지가 있다. '현재 학습자의 위치'를 전적으로 무시하는 것은 재앙이다. 누가 4세짜리 아이에게 양자 역학을 가르치려고 하겠는가? 그러나 그 주장이, 교사들이 '학습자가 무엇을 아는가'를 알아야 하고 학습자의 동기, 의도, 욕구, 경향 등을 인식해야 한다는 것이라면 그 요구는 터무니없는 것이다. 그 모든 정보를 다 모은다고 한들 교사가 무엇을 할 수 있겠는가? 단 한 명의 학습자라도 그 정보를 사용하는 것이 어려울 텐데 30명이 넘는 학습자들과 함께라면 불가능할 것이다.

피아제는 아동들이 어떻게 학습하는지에 대해 탐구하여 심리적 발달 단계를 정의하였다(Piaget, 1950, 1977). '**준비도**' 개념은 수학 교육에 만연해있다. 초점은 학습자들이 특정한 주제를 학습할 준비가 되어 있는지에 맞춰져 있다. 준비도의 개념에는 분명히 무엇인가가 있다. 학습자는 그들이 인식할 수 있거나 해결하고 싶어지는 놀라움을 주는 과제에 더 참여하기 쉽다. 반대로, 과제가 학습자들에게 익숙하지 않은 개념이나 기법을 포함하고 있으면 학습자는 과제가 어렵거나 불가능하다고 생각한다.

'학습자가 어느 위치에 있는가'와 '학습자의 준비도'의 개념은 둘 다 교사가 관련된 지식에 따라 행동하는 사람이라는 것을 암시한다. 그에 반해서, 적합한 밀리외인 추측하는 분위기의 주요 특징은 학습자가 수학적인 아이디어를 이해하고 아이디어들을 주도적으로 연결함으로써 책임감을 가질 수 있다는 것이다. 이 과정은 교사가 학습자에게 '할 것'을 요청함으로써 시작되지만 학습자가 덜 의존적이 되도록 격려를 받으며 점점 더 정교해진다.

교사가 학습자에게 선택권을 주면 학습자는 주도권을 사용하기 시작한다. 이 선택은 기법이나 학습해야 하는 수학적 대상이나 문제 혹은 과제를 보는 방식에 관련되어 있을 수 있다. 따라서 교사는 학습자에게 수와 모양을 제시하는 대신 학습자들 스스로 선택하거나 구성하도록 할 수 있다. 다음과 같은 문제로 시작하는 과제를 예로 들어보자. '하나의 수를 선택하여 두 배하고 3을 더한 후, 5를 곱하고 7을 빼고 일의 자리 수만 쓴다.' 이 과제에서 학습자는 시작하는 수를 고른다. 모든 사람이 같은 답을 얻는다는 사실로부터 오는 놀라움은 과제의 핵심적인 특성이고 이것이 수학의 중요한 부분으로 발전될 수 있는 핵심적 특성이다. 비슷하게 '여러 개의 직선을 이용하여 평면도형을 그려라. 그리고 외각의 합을 계산하여라.'라는 과제에서도 모든 학습자는 같은 답을 얻게 될 것이다. 이와 같은 문제에서 학습자의 답은 같은 방식으로 시작한 대상과 관련되어 있고 학습자는 수학적 불변에 대한 감각을 얻게 된다. 이것은 학습자가 문제가 제시된 학습지를 통해서 학습하는 과제와는 대조적이다. 이 경우에 모두가 같은 시작점을 갖기 때문에 불변에 대한 감각은 얻을 수 없다.

학습자에게 특정한 기법을 연습시키기 위해서 일련의 연습문제를 주는 것은 흔한 일이지만, 기법을 학습자가 스스로의 예를 구성하는 탐구 과제를 통해서 연습할 수 있다. 예를 들어, 인수분해해야 하는 수들을 나열해서 주는 대신에 '정확히 일곱 개의 약수를 가진 수를 찾아라.'라는 과제를 제공할 수 있다. 이 과제는 학습자에게 소인수분해를 많이 하게 할 수 있지만 그 기법을 넘어서는 목적이 있다. 학습자는 스스로 예를 구성하여 일반성을 테스트하거나 그 일반성이 무엇인지 인식함으로써 어떻게 수학자가 되는지를 배우게 되고 동시에 스스로의 힘과 주도권을 사용하는 것을 즐기게 된다. 이것의 목적은 학습자들이 주도권을 갖게 되고 수학을 건설적이고 창조적인 활동으로 여기게 하는 것이다.

학습의 책임감에 대한 주요 쟁점은 학습자가 확신이 없거나 막혔을 때 드러난다. 만약 학습자가 즉시 손을 들어 교사에게 도움을 요청한다면 학습자가 교사에게 의존하는 정도는 강화된다. 대신 교사는 학습자가 어려움에 부딪혔을 때 일반적인 전략을 발전시켜 스스로의 학습에 책임감을 갖도록 격려할 수 있다. 이 전략에는 문제 단순화하기, 무슨 일이 일어나는지 보기, 특정한 경우 테스트하기 등이 포함된다. 또한 '내가 무엇을 아는가?'와 '내가 무엇을 원하는가?'를 물어보고 이 질문에 대한 답을 써보는 것은 어느 부분이 어려운지 아는 데 도움이 될 수 있다.

몇몇 교사는 '막혔을 때 해야 하는 것'이라고 쓰인 포스터를 학습자가 주도권을 갖도록 하는 데 유용하게 활용할 수 있음을 알아냈다. 그 포스터에 제시된 제안의 예는 다음과 같다.

> 스스로에게 질문하여라. 짝에게 질문하여라. 그리고 교사에게 질문하여라.
> 무슨 일이 일어나는지 몇 가지 예를 테스트해 보아라.
> 무엇을 원하는가? 필요한 것은 무엇인가? 찾고 싶은 것은 무엇인가?
>
> 메이슨, 버튼, 스테이시(Mason, Burton & Stacey), 1982

교사는 학습자가 도움을 요청할 때 규칙적이고 반복적으로 이러한 포스터의 질문들을 사용할 수 있다. 이것이 익숙해지면 교사는 '내가 무엇을 질문할 거라고 생각하니?'와 같은 '메타' 질문을 할 수 있다. 비록 처음에 이 질문이 몇몇의 학습자를 혼란스럽게 할 수 있지만 반복해서 비슷한 질문을 하는 것은 도움이 될 것이다. 교사가 간접적으로 자극하면 학습자는 덜 의존적이 된다. 게다가 학습자는 포스터에 적힌 질문을 서로에게 하는 습관을 기르면 그 질문들을 스스로 할 수 있게 내면화할 수 있을 것이다.

학습자가 어떤 행동을 하는지 그리고 어떤 선택을 하는지에 따라 결과물에 영향을 미친다. 자신이 선택을 할 수 있다는 것을 인식함으로써 학습자는 스스로 도전하기 시작할 것이다.

학습자의 자신감과 자부심

학습자 개인의 자신감, 자부심, 스스로에 대한 기대는 그들의 교사와 부모의 기대를 어느 정도 반영한다. '하위 그룹'으로 배정된 학습자는 자신감과 자부심이 낮다. 하위 그룹의 학습자는 스스로에 대해 덜 기대하고 그것은 교사의 기대를 결정한다. 따라서 동기와 기대가 내려가는 악순환이 형성된다.

몇몇 교사들은 학습자가 주도권을 갖는다는 것을 믿고 과제에 대한 학생의 반응에 가치를 부여하고 학습자에게 더 기대함으로써 유익한 순환을 확립하였다고 보고하였다(Watson, 2002). 3.1절에서 소개한 드웩(1999)의 연구를 상기해보자. 학습자가 '지능은 고정되어 있고 한계가 있다.'라는 태도를 취하면 매번 어려움이나 도전을 마주칠 때마다 그들은 자신의 한계점에 도달했다고 믿게 된다. 그 결과로 학습자는 회피하는 방법을 학습하게 되고 실패하지 않으려 하며 낮은 성취로 가는 하강 나선이 강화된다. 드웩에 따르면 교사가 실패라는 단어를 피하는 대신 도전과 분투라는 단어를 사용하면 학습자가 실패의 패턴에서 벗어나는 것을 도울 수 있고 효과적으로 자신의 힘을 사용하여 수학 학습을 할 수 있다.

만약 교사가 수학적 사고를 포함하는 과제가 '높은 성취자'에게만 적합하다고 생각한다면 낮은 성취자에게는 이미 '낮은 성취'를 이루게 한 일상적이고 반복적인 과제를 계속해서 제공할 것이다. 그러나 만약 모든 학습자가 수학적으로 사고하는 데 필요한 힘을 가지고 있다고 여기고 그 힘이 환기되고 발전되며 개선된다면 '낮은 성취자'는 교사의 기대를 초월할 수 있다.

학습자가 자신의 학습에 책임감을 갖는 정도에 영향을 미치는 다른 요인은 대화가 일어나는 방식이다. 교사와 학습자 사이에 대화가 일상적으로 일어날 때 교사에 대한 학습자의 의존도는 강화된다. 교사가 교사 - 학생 - 교사와 같은 방식으로 대화하는 것에서 벗어나기 위해 쓸 수 있는 기법 중의 하나는 학습자들을 짝지어서 대화하게 하는 것이다. 학습자에게 자신의 생각에 대해서 서로 이야기할 수 있는 기회를 주는 것은 더 넓은 무대에 내놓기 전에 자신의 아이디어가 이치에 맞는지 확인할 수 있게 해준다. 정기적으로 학습자들이 짝을 지어 대화하도록 한 교사는 학습자들이 다음의 전체 토론에 더 잘 참여한다는 것을 보고하였다.

사실, 교실 대화가 유연하게 구조화되는 방식은 교사에 대한 의존도를 낮출 뿐만 아니라 학습자의 동기를 높이기 쉽다. 과제를 시작할 때 학습자는 주도적인 생각을 하는 것이 좋다. 그렇게 함으로써 학습자는 과제를 스스로 이해할 수 있고 행동 계획을 만들 수 있으며 자기가 이해하지 못하는 것이 무엇인지 정확히 찾아낼 수 있다. 그 다음 단계로 학습자는 다른 학습자와 아이디어를 공유함으로써 대안적인 접근을 위한 더 좋은 아이디어를 선택할 수도 있다. 소그룹은 함께 효과적으로 학습하지만 어느 시점에서 교사가 성찰의 시간을 제안할 필요가 있다. 그렇게 함으로써 학습자는 소그룹에서 이야기했던 것들을 스스로 재구성하도록 할 수 있다. 교사가 토론과 조용한 학습 시간을 번갈아 하는 것은 학습자 개개인이 아이디어의 흐름을 사용할 수 있는 가능성을 극대화할 수 있다. 이것은 단순히 당면한 과제를 완수하기 위한 것이 아니라 학습자의 미래의 사고에 영향을 미치기 위해서이다. 과제는 성찰을 함으로써 마무리될 수 있고, 이 성찰은 학습자들이 아이디어의 공유가 중요했다는 것을 알게 되는 것을 포함한다.

교실에서 과제가 어떻게 성공적으로 다뤄지는가 하는 것은 교사와 학습자의 관계에 달려있다. 만약 믿음과 관리가 동시에 있다면 많은 것들이 이뤄질 것이다. 만약 믿음이 거의 없고 통제하기 위해 분투해야 한다는 느낌이 존재한다면 교실 관리는 힘들어질 것이다.

교실 조직

다른 것들 가운데 교실 조직은 과제에 사용할 수 있는 교구를 포함한다. 과제는 교구가 다른 것으로 대체되면 근본적으로 바뀐다. 예를 들어 '9개의 지오보드 핀을 가지고 서로 다른 삼각형을 가능한 한 많이 만들어라.'라는 과제는 만약 지오보드를 사용할 수 없다면 달라질 것이다. 지오보드를 활용하면 삼각형을 쉽게 만들 수 있고 바꿀 수 있으며, 이를 증명할 수 있고 비교할 수 있다. 이것은 학습자가 삼각형을 단순히 종이에 그렸을 때는 느낄 수 없었던 가속과 흥분을 제공할 수 있는 과제이다.

교실 조직의 다른 측면들은 교사가 매일 스스로에게 하는 질문의 종류에서 나타난다. 가구를 배치할 때 학습에 요구되는 상호작용을 위한 필요와 질서 유지를 위한 필요 사이의 균형을 어떻게 맞출 수 있을까? 소규모 또는 중간 규모의 그룹이 가능할까? 또 바람직한가? 언제 전체 토론에서 개인 학습으로 옮겨가는 것이 유용할까? 그리고 언제 전체 토론으로 다시 돌아와야 할까? 학습자 포스터를 만들면 어디에 전시할 것인가? 수업이 끝나고 사용한 교구는 어떻게 모을 것인가? 모든 학습자가 같은 과제를 정확히 같은 방법으로 할 것인가? 아니면 개개의 학습자에게 과제를 맞추어 제시하는 것이 가능할 것인가? 몇몇 학습자에게 부담이 적은 과제를 주는 것은 어떤 효과가 있을 것인가?

요약하면 교수가 일어나는 밀리외는 어떤 학습이 가능한지에 대해 결정적인 기여를 한다. 그러나 밀리외는 전적으로 교사 또는 학습자의 통제 하에 있는 것이 아니다. 오히려 협상을 통해서 생겨난다. 이 협상은 교사가 수학과 학습자에 대해서 관심을 가지고 있다는 것을 학습자가 확실히 알고 있을 때 더 효과적으로 일어난다.

3.4 과제 제시

교사가 학습자에게 너무 예측 가능한 과제를 주는 것도, 너무 획기적인 과제를 주는 것도 모두 위험하다. 또, 만약 교사가 과제를 제시할 때 습관적으로 한 가지 방법만을 사용한다면 학습자가 새로운 유형으로 제시된 과제는 해결할 수 없을 만큼 의존적이 될 수도 있다. 반대로, 매 수업마다 다른 방법으로 과제를 제시한다면 학습자는 어떻게 과제가 나타나는지에 대해 규칙이나 이유를 전혀 알지 못하게 되며, 이러한 방법은 학습을 방해할 수도 있다. 그러므로 적용과 실험의 끊임없는 과정을 통해 적절한 균형을 유지해야 한다. 교사의 선택은 교사의 의도와 목적에 따라, 관련 과제를 제시하는 시기에 따라 달라진다.

이 장에서는 변화가능차원을 고려하는 것으로 넘어가기 전에 익숙한 과제를 다루면서 과제가 제시되거나 확장될 수 있는 9가지 서로 다른 방법에 대해 자세히 살펴보려고 한다. 과제를 확장하는 것은 학습자가 과제로부터 더 넓은 가능성을 얻을 수 있기 때문에 매우 유용할 수 있다. 과제를 확장함으로써 학습자는 내재적인 힘을 폭넓게 사용할 수 있고, 더 많은 경험 또는 연습문제를 제공함으로써 일종의 계산이 포함된 주요 수학 주제를 내면화하는 데 도움이 된다.

과제 제시와 확장

여기에서 제공하는 다양한 접근은 학습자가 행동과 말뿐만 아니라 기호에 이르기까지 일반화의 가능성을 인식하도록 의도된 것이다. 이 접근들 중 몇 가지는 학습자에게 제시되는 수학 문제를 다양하게 하고, 다른 몇 가지는 다른 방법으로 수업을 조직한다. 모든 접근은 다른 과제에도 적용할 수 있다.

'원과 사각형 문제'[8]로 알려진 고전적인 과제를 예로 들어보자. 이 과제를 처음

8) 역자주: McIntosh & Quadling (1975)는 삼각형 외에도 다양한 다각형에서 변 위의 수의 합이 같

소개한 것은 매킨토시와 쿼드링(McIntosh & Quadling, 1975)이다. 그 후 여러 차례 다시 개발되어 발전되었다. 특히 영국의 국가수리자료National Numeracy Materials9)에도 포함되었다(DfEE, 1999a, b).

이 장의 초점이 다양한 과제 제시 방법이기 때문에, 과제의 목적과 교육과정 중 어디에 잘 들어맞는지에 대한 질문은 고려하지 않을 것이다. 하지만 과제는 매우 다양하게 사용될 수 있다. 이 과제의 형태는 덧셈, 뺄셈, 곱셈, 나눗셈, 미분, 적분, 최소공배수, 최대공약수 등의 활동에서 일반화될 수 있다.

매킨토시와 쿼드링이 제시했던 이 과제의 가장 처음 형태는 그림 3.2의 그림이며 다음과 같이 기술하고 있다.

> 기억할 규칙은 단 하나 간단한 것이다. **'사각형 안의 수는 반드시 그 양쪽의 원 안에 들어있는 수의 합이어야 한다.'**
>
> 매킨토시와 쿼드링, 1975

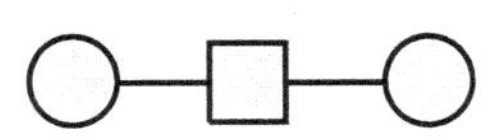

그림 3.2 원과 사각형

원과 사각형의 배열을 다양하게 사용할 수 있다. 그림 3.3의 왼쪽 그림과 같이 간단한 계산을 해야 하는 것도 있고, 오른쪽 그림과 같은 사각형 안에 숫자가 적힌 과제에서는 더 흥미롭게 '역' 계산을 해야 하는 것도 있다.

은 수 배열을 주제로 과제를 제시하였다. Walther (1985)는 이를 변형해 arithmetic chains으로 발전시키기도 하고 지금은 Arithmagons으로 불리기도 한다. 일종의 삼각 마방진이다. 본문에서는 그림 3.2를 참조하여 '원과 사각형 문제'로 번역한다.

9) 역자주: 1996년에 수행된 영국의 국립 수리 대책 위원회Numeracy Task Force의 프로젝트에서 제시된 National Numeracy Strategy에서 제시된 과제를 지칭한다. 이 전략은 아동의 수학 교수에 대한 개요를 제시한다. 이후 이 전략은 2003년 Primary National Strategy로 확대되고, 2006년 교사를 위한 지침이 개발되었다.

제시 1: 계산하기와 거꾸로 하기

> 사각형 안의 숫자는 반드시 양쪽에 있는 원 안의 숫자의 합이 되어야 한다는 것을 생각하며 빈칸에 숫자를 채워라.

대부분의 과제는 교과서의 연습문제처럼 일련의 계산을 수행해야 하는 것으로 제시할 수 있다. 그림 3.3의 왼쪽과 비슷한 몇몇 과제를 풀고 나서, 학습자에게 자신만의 문제를 만들어보라고 질문할 수 있고, 이를 통해 사각형 안의 숫자가 주어진 형태를 만들어보게 할 수도 있다. 어떤 학생은 이 형태를 바꾸어 '거꾸로 하기'를 시도할 수 있다. 이 예제를 통한 활동의 초점은 계산 기법을 연습하는 것뿐 아니라 근본적인 구조에 대한 통찰을 얻도록 하는 것이다.

'행하기' 문제를 역으로 바꾸어 '거꾸로 하기' 문제로 만드는 간단한 활동은 놀랍지는 않아도 흥미를 일으킬 수는 있다.

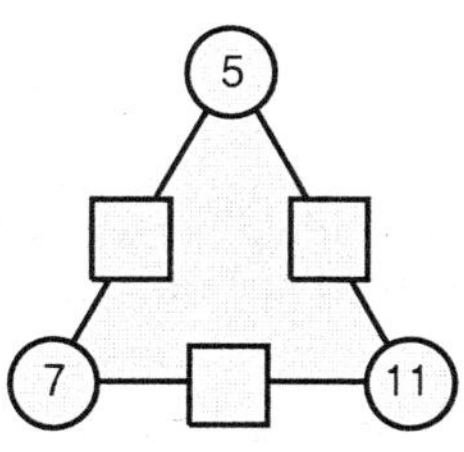

도입의 방법으로 왼쪽과 같은 종류의 예제를 제시할 수 있다. 또는 다음 단계로 덧셈하기 대신에 합이 나오는 수를 찾는 오른쪽과 같이 거꾸로 된 과제로 바로 넘어 갈 수도 있다.

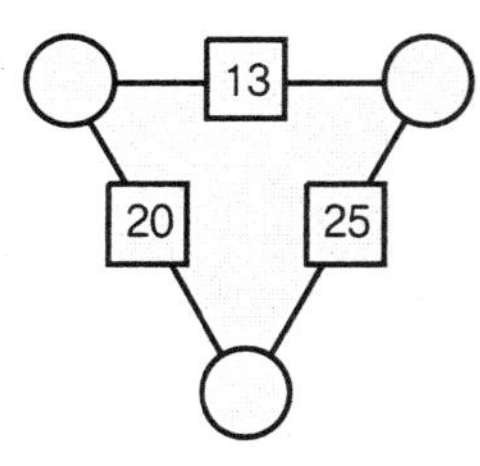

그림 3.3 원과 사각형 (직접적인 형태와 역 형태)

제시 2: 학교 밖 맥락에서 출발하기

놀랍게도 신문이나 TV 혹은 다른 학교 밖의 상황 속에서 다루고자 하는 주제로 연결되는 것을 찾는 것이 가능할 때가 있다. 그럴 수 없다면 상상 속 맥락에서 이야기를 만들 수도 있다. 예를 들어, 앞의 '원과 사각형 문제'를 가지고 고고학 발굴 과정에서 훼손된 어떤 입구의 형판[10]으로 하나의 이야기를 만들 수도 있다. 학습자는 근본 규칙을 사용하여 훼손된 부분에 들어갈 숫자를 찾는 데에 노력할 것이다. 이것은 고고학자들의 작업정신에 충실한 인위적 맥락의 한 예이다. 또한 이것은 **행하기**를 **거꾸로 하기**로 전환하는 '원과 사각형 문제'의 중요한 특성에 초점을 맞출 수 있게 해준다. 직접적으로 다루기 쉬운 덧셈으로부터 특정한 답을 얻기 위해 더해야 하는 두 숫자를 알아내는 것으로 갈 때 이러한 전환이 일어난다.

이와 같이 과제와 관련된 이야기를 제시하는 것이 학습자에게 도움이 되는지에 대해서는 여러 가지 관점이 있다. 어떤 이들은 수학을 어떻게 소개하는가에 따라 수학을 더 의미 있게 만들어준다고 생각하고, 다른 이들은 학습자들이 흥미롭게 다루고자 하는 추상적인 주제를 찾을 수 있다고도 한다.

제시 3: 과제 쪼개기와 참고자료 모으기

교사가 몇몇 예제를 제공하는 것보다 교실을 몇 개 모둠으로 나누어 각 모둠이 각기 다른 형태의 과제를 해결하게 할 수도 있다. 이 방법은 하나의 교실에서 많은 수의 예를 생성한다. 예를 들어 원과 사각형 과제에서 모둠에 따라 원에 숫자를 써서 시작하기도 하고, 사각형에 숫자를 써서 시작할 수 있다. 교사가 모둠을 나눌 수도 있고, 모둠 스스로 할 일을 분담할 수도 있다. 그 후 모든 모둠이 풀이를 마쳤을 때, 풀이에서 무엇이 같고 무엇이 다른지 살펴보기 위해 몇몇 예를 다 같이 살펴볼 수도 있다.

일정 시간 동안 문제를 해결한 후, 전체 토론에서 학습자는 자신의 아이디어

10) 역자주: 중요한 인물·사건을 기념하는 글귀 등을 적어 벽에 박아 놓은 것.

를 제시하고 다른 학습자는 적절한 제안을 받아들일 수 있다. 학습자가 자신의 문제를 형식화하게 되면, 자신의 아이디어를 활용하여 다루기 쉽고 해결할 가치가 있는 문제가 어떤 것인지 결정할 수 있게 된다.

제시 4: 어렵거나 복잡한 형태로 시작하기

현 상태로는 너무 어려운 문제를 학습자에게 제시하는 것이다. 따라서 학습자는 관련되면서도 '다룰 수 있을 것으로 보이는' 더 간단한 문제를 만들려고 노력하게 된다. 결과적으로 학습자는 교사의 활동지에 제공된 것보다 스스로 구성한 보조 과제를 다루는 것에 좀더 참여하고, 흥미를 느낀다. 이 경우 원과 사각형 과제는 다음과 같은 형식을 취할 수 있다.

> 원과 사각형 문제의 규칙을 사용하여 원 안에 알맞은 수를 찾아 사각형 안에 올바른 답을 찾아 써 넣어라(그림 3.4).
> **힌트**. 이 문제를 풀기 전에, 그림 3.4의 왼쪽에 있는 원과 사각형 과제에 간단한 숫자를 넣어보고, 오른쪽 문제를 더 간단한 그림으로 바꾸어 보는 것이 도움이 될 것이다!

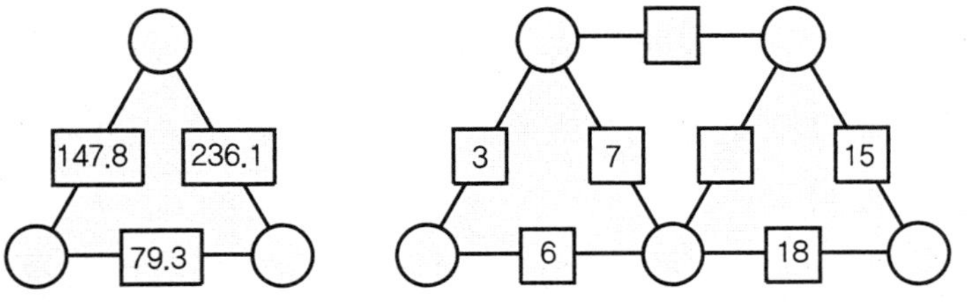

그림 3.4 원과 사각형(규칙 사용하기)

제시 5: 무엇이 같고 무엇이 다른가?

두세 가지의 '예'를 제시하고, 학습자에게 무엇이 같고 무엇이 다른지 생각하도록 질문한다. 그 후 학습자가 여러 가지 방법으로 자신만의 서로 다른 예제를 만들어보도록 한다. 이 경우 원과 사각형 문제는 다음과 같은 형식을 취할 수 있다.

아래 그림(그림 3.5)에서 무엇이 같고, 무엇이 다른가?
여러 가지 방법으로 자신만의 그림을 다르게 만들어 보아라.
본인이 선택한 측면을 변화시켰을 때 가능한 모든 방법의 수는?

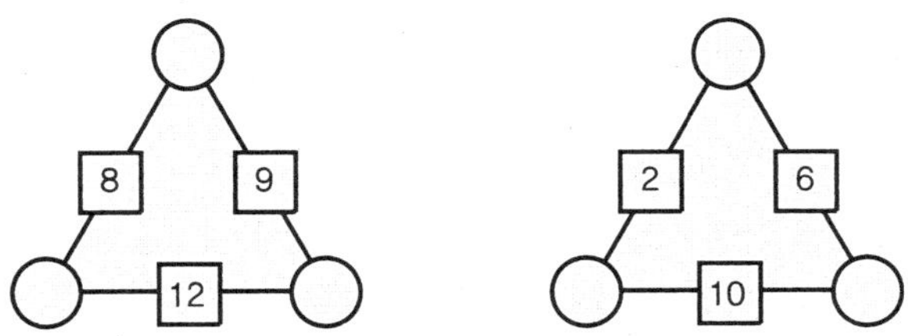

그림 3.5 원과 사각형 (같은 것과 다른 것)

주어진 숫자를 바꿀 때 학습자의 관심은 하나의 변화가능차원으로써의 숫자이다. 이 차원에 대한 대안적인 방법은 교사가 사각형 안에 분수나 음수, 소수 등이 나타나도록 수를 제시하는 것이다.

또 다른 변화가능차원은 그림 3.6에서와 같이 그림의 세모꼴을 네모꼴로 변

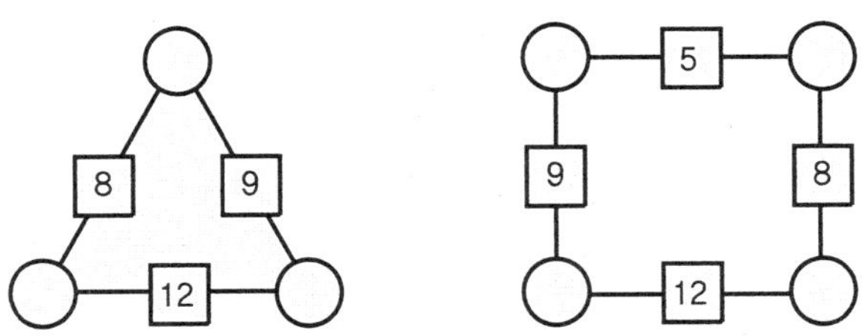

그림 3.6 원과 사각형 문제 (도형을 변화시키기)

형시키고 다시 '무엇이 같고 무엇이 다른지' 묻는 것으로도 바꿀 수 있다.

또는 그림 도형에서 몇 개의 숫자를 빼고 제시하거나 다른 연산을 수행하는 그림으로 제시하는 방법도 가능하다.

제시 6: 침묵으로 시작하기

교사가 그림 3.7과 같은 그림을 칠판이나 OHP에 그려주고 나서, 아무 말도 하지 않고 사각형을 채운다. 이때 각 숫자를 쓰기 전에 조금 과장된 방법으로 잠시 멈춰서 그 계산을 한다. 이러한 행동을 최소 2~3개의 예제를 진행하는 동안 계속한다. 그렇게 하고 난 후 학습자에게 비슷한 예제를 뽑아 제공한다. 만약 필요하다면 교사가 하는 유일한 조언은 제시된 예제 옆에서 교사 마음에 있는 숫자를 썼는지 그렇지 않은지에 따라 행복하거나 슬픈 표정을 짓는 일뿐이다.

'행하기'와 '거꾸로 하기'에 대한 수학 주제에서 그 접근은 덧셈의 형식에서 '행하기'로 시작하는 것이었다. 침묵하는 동안 교사는 칠판에 세모꼴을 그린 후 사각형 안에는 숫자를 적고, 원 안에는 물음표를 쓰면서 원과 사각형 문제의 형태를 '거꾸로 하기'로 초기화할 수 있다. 그러고 나면 학습자는 '거꾸로 하기'의 활동을 하게 된다.

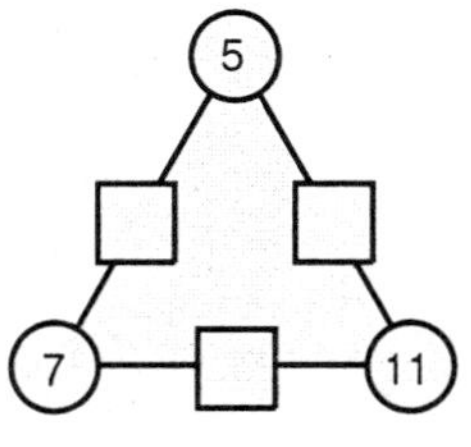

그림 3.7 원과 사각형 (침묵에서 시작하기)

제시 7: 다양함에서 공통점 찾기

교사는 원과 사각형 문제의 세모꼴이 모두 비어있는 과제를 제시하고, 학습자가 원 안에 숫자를 넣어 원과 사각형 문제의 규칙에 따라 사각형에 해당하는 숫자를 계산하게 한다. 다음으로 학습자에게 원에 적힌 세 숫자와 사각형에 적힌 세 숫자를 각각 더하라고 한다. "무엇을 알았니?"라는 질문에 사각형에 적힌 숫자의 합이 원에 적힌 숫자의 합의 두 배라는 대답이 나올 것이다. 각각의 예제에서 모두 같은 관계가 나타난다는 사실은 항상 그렇게 되는지에 대한 의문을 불러일으킨다. 따라서 학습자는 다른 예제들에 적용되는 기법이나 과정의 일반성을 경험할 수 있다.

제시 8: 일반적인 것이나 특별한 것에서 시작하기

교사가 몇 가지 예제를 주고 나서 일반적인 문제를 제시한다. 예를 들면 다음과 같다.

> 만약 어떤 사람이 원 안에 있는 숫자들을 지우고 사각형 안의 숫자들만 남겨놨다면 원에 있을 숫자들을 항상 다시 만들 수 있는가?

이후 학습자에게 이런 종류의 문제를 일반적으로 해결하는 방법을 알아내기 위해 특수한 경우에 대해 시도해볼 것을 요구한다. 더 높은 수준의 학습자는 대수를 사용할 수도 있을 것이다. 학습자에게 이런 유형의 '쉽고', '어려운' 문제를 만들고 그것을 풀어보라고 요구할 수 있다. 그렇게 함으로써 학습자가 어렵다고 생각하는 것을 드러내거나 혹은 이런 유형의 정말 어려운 문제는 없다는 것을 발견할 수 있을 것이다.

제시 9: 심상 이용하기

교사는 그림을 그리지 않고 말로 과제를 제시하고 학습자는 아무것도 그리지 못하도록 한다. 교사는 학습자에게 집중을 방해하는 다른 것들을 모두 없애기 위해 눈을 감으라고 할 수 있다. 효과적인 접근이 되기 위해서는 반드시 해야 하는 다음과 같은 지침이 도움이 된다.

> 삼각형 하나를 상상해라. 각 꼭짓점에 숫자가 있다. 각 변의 중점에 사각형을 그리고, 그 변의 양 끝에 있는 두 수의 합을 적어 넣어라 …….

삼각형으로 시작하는 것 대신 교사는 다음과 같이 심상을 만들어나갈 수도 있다.

> 직선 하나를 상상해라. (길이가 무한한) 평면 위에서 직선을 이동시켜 보자. 회전시키거나 이동시킬 수 있다. 가능한 모든 상황을 생각해라. (잠시 멈춘다.) 너의 직선 위에 있는 선분 하나를 상상해라. 그것은 시작점과 끝점이 있다. 그 선분은 같은 길이를 유지하면서 직선 위에서 움직인다. 이제 길이도 변화시켜보아라. 하지만 여전히 같은 직선 위에 있다. 선분을 고정시키고 두 번째 선분을 만들어보자. 두 번째 선분은 처음 선분과 길이를 같게 해라. 두 번째 선분의 한쪽 끝을 첫 번째 선분의 한쪽 끝에 붙여라. …….

이러한 도입은 조건에 적용시킬 수 있는 변화를 확고히 해주기 위해 제시되는 것으로, 이 중 몇 가지는 다음에 할 것이 무엇이냐에 따라 제한될 것이다. 그럼에도 불구하고 이 방법은 과제에 맥락의 일반성을 제공하고, 이후에 하나의 변화가능차원을 그려낼 수 있게 한다.

과제 제시의 변화가능차원

1장에서 변화가능차원에 대한 아이디어는 과제의 기본적인 구조를 변화시키지 않은 채 숫자나 다른 특징들을 변화시키는 과정을 묘사하면서 소개하였다. 같은 아이디어를 교사의 과제 제시에서 사용할 수 있는 가능성의 범위를 탐색하면서 사용할 수 있다.

앞에서 고려했던 9가지의 원과 사각형 문제에 대한 예시는 과제 제시에 있어 다음의 변화가능차원을 제안한다.

- 누가 활동하는가? 교사, 한두 명의 학습자, 학급 전체?
- 학습자는 자신의 주도권을 얼마나 많이 사용하는가?
- 과제는 어떻게 시작하는가? 간단한 형태로, 복잡한 형태로, 특수화된 일반적인 형태로?
- 학습자는 어떻게 활동하는가? 개인으로, 짝과 함께, 소집단으로, 전체로?
- 교사는 어떤 예제를 사용하는가?

앞으로 위에서 제시한 것을 차례로 탐색할 것이다.

누가 활동하는가?

과제를 시작할 때 교사가 활동하는 것은 당연해 보일지 모른다. 하지만 교사의 활동이 꼭 필요한 것은 아니다. 교사는 학습자에게 과제를 설명하거나 입증하는 대신 학습자가 어떤 활동을 수행하도록 안내하면서 시작할 수 있다.

학습자는 활동할 때 신체를 사용한다. 종이를 접거나 자르기, 상상한 것을 기술하는 데 손가락 사용하기, 또는 심지어 학습자를 대상으로 보는 'People Maths'[11]처럼 실제로 몸을 움직이기도 할 것이다. 반면에 학생에게 머리로 계산을 하도록 할 때나 원 위의 점들의 움직임을 상상하도록 할 때와 같이 그 활동은 전적으로 정신을 사용하는 것일 수도 있다.

학습자는 활동지 풀기와 같은 개인적인 활동에 참여할 수도 있고, 대화나 발표 등과 같은 집단의 활동에 참여할 수도 있다. 하지만 학습자의 활동이 항상 생산적인 것은 아니다. 수학을 잠시 제쳐 놓거나, 이미 어떻게 해야 하는지 아는 것을 반복하는 활동이라면 그 활동은 단지 '바쁜 일'이나 머리를 쓸 필요가 없는 활동이 될 수 있다. 다시 말하면 학습자는 명백하게 활동하고 있더라도 소극적으로 받아들일 수 있다.

학습자는 자신의 주도권을 얼마나 많이 사용하는가?

'자신의 주도권을 사용한다.'는 것이 학습자에게 어떤 의미가 있을까? 교과서나 활동지의 과제를 해결할 때 보통 학습자에게는 자신의 주도권을 사용할 영역이 없다. 한 가지 답을 가진 문제를 질문받았을 때에도 마찬가지다. 그러나 학습자가 문제를 탐구하기 위해 자신의 과제를 직접 구성할 때 혹은 예제나 문제를 만들어야 할 때는 학습자 자신의 주도권을 사용한다.

학습자에게 예제나 문제를 만들도록 하는 것은 아마 교사가 학습자에게 주도권을 사용할 수 있게 만드는 가장 쉬운 방법일 것이다. 학습자에게 다음에 같은 주제에 도전하게 될 사람들이나 다른 학급의 학습자 또는 교사를 위해 도전

11) 역자주: People Maths는 학생이나 교사, 전 연령대의 사람 누구든 수학을 하고 배우는 즐거움을 익힐 수 있도록 만들어진 활동들로 책, 인터넷 자료 등이다. 모든 활동의 목적은 아동이 물리적으로 수학적인 상황에 참여하게 하는 것으로, 아동은 간단히 수를 세거나 종이와 펜을 이용하여 문제를 해결할 수 있다. 여기서 가장 중요한 것은 아동이 그룹으로 활동하며 토론하고 추측한 후 서로 협상하도록 하는 활동들이라는 점이다.

할만한 예제나 문제를 만들어내라고 할 수 있다.

또, 학습자에게 스스로 생각하기에 '같은 유형의' 문제를 푸는 방법을 보여줄 수 있는 문제를 만들라고 할 수도 있다. 학습자가 '행하기'의 방법을 본 후에 다음과 같은 질문을 받았을 때 독창적인 답이 나오는 다른 문제들을 만들 수 있다.

> 만약 이것이 답이라면 문제는 어떻게 만들어졌을까?
> 이것과 비슷하게, 이 답이 나오는 모든 가능한 질문을 말해 보아라.
> 이런 유형의 문제에 대한 모든 가능한 답을 말해 보아라.

학습자가 자신의 주도권을 사용할 수 있게 하기 위해 교사가 사용할 수 있는 또 다른 기술은 학습자에게 두세 개의 예제에 대해 '무엇이 같고 무엇이 다른가?'에 대해 생각할 수 있도록 하는 것이다. 물론 교사가 학습자에게 '교사가 마음 속에 하고 있는 생각'을 알아내라고 요구한다면 학습자는 주도권을 가질 수 없다. 그 후 학습자에게 스스로 예제를 만들어서 그것을 풀며 무엇을 하고 있는지 보려고 노력하라고 할 수 있다. 각각의 경우에 학습자에게 처음 예제에서 발견된 특징을 갖고 있는 더 많은 예제를 만들게 하거나 그 특징을 계속 유지하면서 무엇을 변화시킬지 결정하게 함으로써 토론이 생길 수도 있다.

브라운과 월터(Brown & Walter, 1983)의 책, 《문제 제기의 기술*The Art of Problem Posing*》에서는 문제를 일반화하는 전략인 '만약 …이 아니라면what if not' 전략을 추천한다. 교사는 학습자들이 협력해서 과제의 특징에 대한 목록을 만든 후, 그 중 하나를 골라 '이 특징이 변한다면 어떨까? 어떻게 될까?'라고 생각하여 나올 수 있는 문제의 목록을 만들어보라고 할 수 있다. 이것은 학습자에게 다양한 변화가능차원을 고려할 수 있게 하는 한 가지 방법이다.

과제는 어떻게 시작하는가? 간단한 형태로, 복잡한 형태로, 특수화된 일반적인 형태로?

교사는 교실의 모든 학생이 상황에 대해 알 수 있도록 간단한 예제로 시작한다. 하지만 계속 단순하게만 시작하다보면 학습자는 교사가 항상 같은 방법으로 시작한다고 생각하게 된다. 가끔 복잡한 예제로 시작하는 것은 교사가 학습자는 머릿속에 있는 것에 대한 다른 감각을 얻게 하는 데에 도움이 될 수 있다. 게다가 학습자는 단순화 또는 특수화의 과정에 참여하여 교재나 그들을 이끄는 교사에 의존하기보다 그들 자신의 선천적인 힘을 사용할 수 있다.

가끔 복잡한 것으로 시작하는 것이 일반화를 쉽게 한다. 예를 들어 이차식을 인수분해하는 방법을 가르칠 때, 인수분해가 되는 간단한 식을 사용하는 것보다 다음과 같은 식의 전개를 제시한 후

$$(3x+2)(5x-1)=15x^2+7x-2$$

'만약 전개식만 주어진다면 어떻게 인수를 찾을 수 있겠니?'라고 질문할 수 있다. 그러면 학습자는 추측을 하고, 간단한 예제를 만들어 자신의 추측을 확인하게 될 것이다.

학습자는 어떻게 활동하는가? 개인으로, 짝과 함께, 소집단으로, 전체로?

이것은 매우 다양하게 변화시킬 수 있다. 예를 들어 수업을 시작할 때 개인에게 어떤 것을 풀게 한 후 그 결과를 공유하게 할 수 있다. 아마 각 학습자가 자신의 예제를 만들어서 교실 전체가 빠르게 다른 가능성들을 모아 일반화할 수도 있을 것이다. 이 활동으로 학생들은 모든 답이 공통점을 가진다는 점에 대해 놀라게 될 것이다.

다른 시간에는 각자 다른 역할을 맡은 짝과 함께 수업을 시작할 수 있을 것

이다. 그렇지 않으면 교사는 명백하게 다른 일을 하지만 모두가 같은 아이디어에서 끝낼 수 있는 소집단을 만들 수도 있다. 또한 모든 학습자에게 같은 것을 하도록 하여 같은 경험을 하게 하는 것도 가능하다. 이를 통해 정확성을 확인할 수도 있다.

다양한 활동 방법은 각각 다른 장점을 갖는다.

- '**개인**'으로 활동하는 것은 학습자가 자신의 재능을 점검하고, 강화하고 발전시키게 할 뿐만 아니라 스스로를 위해 그 재능을 재구성하게 한다.
- '**짝**'으로 활동하는 것은 학습자가 더 많은 사람들에게 아이디어를 알리기 전에 서로 그것을 시험해볼 수 있게 한다. 또 학습자가 일어난 일이나 들은 것에 대해 심사숙고하고, 혼자 생각했을 때 만들어 내던 것보다 그에 대해 더 많은 아이디어를 만들어낼 수 있게 한다.
- '**소집단**'으로 활동하면 다수의 아이디어를 만들어내고, 큰 과제를 몇몇 사람들이 나누어 다룰 수 있게 되기도 한다. 훈련을 통해 소집단은 아이디어를 논의하고, 추측을 수정하며 뒷받침하는 근거와 정당화를 통해 합의를 이끌어내는 토론회를 할 수도 있다.
- '**공동**'으로, 그리고 '**전체**'로 활동하는 것은 모든 학습자가 새로운 아이디어와 접근 방법을 들을 수 있게 하고, 교사나 동료들이 그들의 수학적 사고를 펼치는 것을 볼 수 있게 한다. 하지만 개인은 활동 이면의 아이디어를 내면화하지 않은 채로 참여하기 쉬우므로 개인 활동 시간을 따로 제공해야 한다.

교사는 어떤 예제를 사용하는가?

과제 제시의 중요한 특성은 교사가 선택한 예제의 유형과 난이도에 있다. 이 선택은 주로 학습자로 하여금 변화허용범위를 알게 하기 위해 예제에서 변화시켜야 할 차원이 무엇인지에 대한 교사의 인식에 따라 결정된다. 학습자 역시 변화가능차원을 찾고, 예제로 시험하고, 연관된 변화허용범위를 발견하는 습관을 발전시킬 수도 있다.

3.5 가능성과 기회

과제의 가장 중요한 특징은 너무 과하지 않은 도전을 포함해야 한다는 것이다. 즉, 과제는 너무 쉬워도 안 되며 학습자의 능력을 넘어서도 안 된다. 학습자가 상상하는 것 이상을 할 수 있음을 입증한 과제는 학습자의 자신감을 형성하는데 효과가 있다. 반면, 학습자의 능력으로 잘 해결할 수 있는 '적절하게 단순한' 과제는 가치 있는 것으로 보이지 않으므로 자신감을 갖게 하는 것이 아니라 의욕을 꺾을 수 있다.

교사와 학습자 사이의 신뢰하는 분위기는 큰 역할을 한다. 학습자가 갖는 신뢰는 심지어 처음엔 가망이 없어 보이더라도 교사가 보람 있고 참여할만한 과제를 설정했을 것이라는 믿음이고, 교사가 갖는 신뢰는 학습자는 책임감있게 선택할 것이고, 그들의 답은 진지하게 택할 가치가 있었을 것이라고 믿는 것이다.

만약 3.3절에서 말한 '교수학적 계약'이 교사가 만든 것이라면 학습자는 상승된 자신감과 스스로에게 느낀 놀라움을 통해 동질감을 발전시킬 수 있다. 이를 위해 교사는 끊임없이 학습자가 단순히 강의를 따라오게 하는 것이 아니라 이해하는 활동을 하도록 유도해야 한다.

다양한 과제는 학습자에게 다음과 같은 여러 행동들에 대한 가능성을 제공한다.

- 특정 수학적 아이디어 및 기법과의 만남
- 자신의 수학적 힘을 사용하는 경험
- 수학 주제에 대한 자신의 인식 강화
- 좋지 않은 개인적 성향 인식 및 개선(최선의 접근을 고려하지 않고 과제에 뛰어드는 성향 등)
- 기법을 사용하는 능력과 숙련도 발달

하지만 중요한 순간 학습자나 교사가 기회의 가능성을 인식하지 못한다면 그 가능성은 거의 쓸모가 없다. 그러므로 특정 과제가 제공한 '**가능성**'과 교사와 학습자가 인식하고 잡은 '**기회**'는 구분해야 한다. 과제가 가능성을 가질 수는 있지만 끌어낼 수 있는 기회로써 인식되지는 않는다.

수업을 관찰하는 사람은 항상 교사가 놓친 가능성을 알아차린다. 교사는 그 가능성에 따르지 않기로 결정할 수도 있고, 혹은 그것을 알지 못했을 수도 있다. 과제가 가진 가능성이 무엇이든 간에 중요한 것은 그 순간에 교사와 학습자가 그것을 인식하는 것이다. 이런 이유로 과제는 기회만을 제공하는 것이 아니라 전반적인 상황을 제공한다. 주어진 과제나 과제의 유형이 제공하는 가능성, 교실에서 확립된 학습 방법 그리고 교사와 학습자의 경향 등 이 모든 것은 어떤 기회가 가능할 것인가에 영향을 미친다. 또 과제의 형식이 학습자가 참여할 활동을 형성하기 때문에 형식은 학습자들이 이용할 수 있는 기회에 영향을 끼친다. 과제를 특수화하는 방법에서의 약간의 변화는 학습자가 과제로 무엇을 하게 될지를 바꿀 수 있다.

교사는 학습자가 말하는 것을 듣고서 학습자의 요구에 대해 대응하는 방향으로 수업을 발전시킨다고 상상한다. 하지만 실제에서는 이와 매우 다르다. 교실에는 다양한 힘이 작용하고 또 수업을 하는 중간에 생기는 '터널 시야tunnel vision'가 있기 때문이다. 마찬가지로, 일단 학습자가 자신의 주도권을 사용해서 주제를 탐구하고 자신만의 예제를 만들어내기 시작하면 과제를 위해 계획되었던 구조는 버려질 것이다. 교사가 놓친 기회를 관찰자가 인식하더라도 이 기회는 교사에게 인식되지 않은 채 지나쳐버릴 수 있다. 사실 수업한 교사가 놓친 기회를 인식하기 위해서는 종종 수업 후에 동료교사나 다른 관찰자가 교사에게 그것을 짚어줘야 한다.

과제가 사용되는 상황에서는 학습자가 인식하거나 인식하지 못하더라도 교사가 기회를 만들 수 있는 다양한 가능성이 많다. 이 가능성을 아는 것이 항상 쉽지는 않을 것이다. 이를 돕기 위해서 행동, 감정, 인식을 각각 묶은 주제 하에서 다양한 질문을 생각할 수 있다. 아래에 나오는 각각의 주요 질문은 일련의 가능성들과 관련되고, 각 주제와 연관된 여러 측면을 탐색하는 일련의 하위 질문이 뒤따른다. 각 일련의 가능성에서 그 가능성이 다른 주제에 의미가 있더라도 주어진 주제에 관련된 특징들만 언급한다.

이 장을 통해 우리는 각 과제가 특별한 상황에 놓여있다는 것을 상기시키는 용어로 '과제 상황'이라는 단어를 사용한다. 그리고 논의하는 가능성들은 설정된 과제와 상황 모두의 결과이다.

행동

다음 질문은 주로 행동에 대한 것이다. 행동과 관련하여 과제 상황에서 학습자에게 제시될 수 있는 가능성은 다음과 같다.

- 대상을 조작하고 경험하거나 어떤 것을 내면화한다.
- 문뜩 떠오른 새로운 아이디어를 통해 더 친숙한 아이디어를 경험하

며 관련 어휘와 기법을 사용하는 기량을 증가시킨다.

- 가치있는 것을 만든다.

학습자가 대상을 조작하고 경험하거나 어떤 것을 내면화하게 하는 과제 상황은 어떤 가능성을 제공하는가?

대상이 물리적이든 정신적이든 도식적이든 상징적이든 혹은 컴퓨터 스크린에 있든 간에 그 대상을 조작할 수 있다는 것은 학습자의 흥미를 끌 수 있고 자신감을 심어줄 수 있다. 하지만 학습자의 수학적 사고를 향상시키는 데 필요한 것은 아니다. 그러므로 과제는 학습자가 그 상황의 수학에 대해 더 많은 이해를 계속해나갈 수 있도록 돕는 무형의 방법을 필요로 한다.

다음은 교사가 학습자의 조작 경험의 측면에 좀더 초점을 맞추도록 하는 세부적인 발문의 예이다.

- 과제상황에서 학습자는 대상을 조작할 수 있는가?
- 학습자가 물리적으로, 정신적으로, 도식적으로, 상징적으로, 혹은 컴퓨터로 무언가를 할 수 있는가?
- 학습자가 자신의 생각을 명확히 표현할 수 있는가?
- 학습자가 자신의 힘으로 하나 이상의 수학 주제를 찾아낼 수 있는가?
- 활동에서 '뒤로 물러서' 성찰함으로써 더 넓은 관점에서 과제와 잘 들어맞는 주제를 찾을 수 있는가?

아이디어에 대해 확신을 갖고 내면화하는 핵심에는 그 아이디어를 명확하게 표현할 수 있는 어휘와 그것을 과제에 적용시키는 기법을 발달시키는 것도 포함된다.

학습자가 새로운 아이디어 또는 예전에 알고 있던 경험을 떠올리고 관련 어휘와 기법을 사용하는 기량을 증가시키는 과제상황 속에서 학습자는 무엇을 학습하는가?

이 질문의 기본이 되는 틀은 '보기-경험하기-숙달하기'이다. 기법은 통합될 수 있다. 예를 들어, 학습자 스스로 예제를 만들거나 친숙하지 않지만 기법을 요구하는 수학 영역을 탐구하는 동안 기법은 통합된다.

다음은 교사가 학습자의 보기에서 숙달하기 단계로 넘어가는 경험에 초점을 맞추도록 하는 세부적인 발문의 예이다.

- 잘 모르는 대상을 보고, 발견하거나 재구성할 때, 친숙한 대상과 기법, 그리고 어휘를 사용할 수 있는 과제 상황인가?
- 학습자가 과제를 해결하면서 스스로 발견하거나 생각한 것 그리고 자신의 표현을 개선할 수 있는 가능성을 제공하는가?

이미 알고 있는 것을 연습하면서 새로운 것에 주의를 기울이게 하는 과제는 다양한 측면을 갖고 있다. 그러한 과제가 더 몰입하기 쉽고 기법의 활용에 온전히 집중하게 하는 과제보다 훨씬 더 만족감을 준다.

학습자가 가치 있는 것을 생산하는 과제상황 속에서 학습자는 무엇을 학습하는가?

일종의 눈에 보이는 결과물은 학습자의 관심을 과제에 집중시킬 수 있게 만든다. 이런 결과물의 종류는 매우 다양하다. 어떤 학습자에게 가장 의미 있는 결과물은 그들의 삶을 변화시키는 것일 것이다. 말하자면, 그들의 학교생활을 재조직하는 것을 포함할 수 있다(The Open University, 1980; Mellin-Olsen, 1987; Frankenstein, 1989; Skvovemose, 1994). 그 외에 다른 학습자의 경우에는 성인이 일을 할 때에나 여가를 즐길 때에 해당하는 결과물과 관련된 과제를 원하기도 한다. 가장 일반적인 결과물은 서면 보고서나 교실의 포스터 혹은 웹페이지이다.

다음은 학습자가 어떤 것을 생산해 내는 경험에 집중할 수 있게 하는 발문의 예이다.

- 눈에 보이는 결과물과 관련된 과제인가? 예를 들면 과제가 학습자의 삶, 구체적인 모형, 포스터나 컴퓨터 디자인 중 어떤 것을 조직하는 새로운 방법을 제안하는가?

결과물에 집중할 때 한 가지 위험한 것은 더 심오한 수학 내용으로부터 주의를 분산시킨다는 것이다. 따라서 어떤 교육과정의 프로젝트는 결과물에 집중하는 대신 학습자의 정신적 심상의 힘에 몰입하게 함으로써 '대상을 실제화하는 것'을 택하기도 한다. (이것이 프로이덴탈 연구소의 '현실 수학교육 프로젝트'의 기본이념이다. Gravemeijer, 1994)

감정

다음 질문은 주로 감정에 대한 것이다. 감정과 관련하여 과제 상황은 학습자가 다음과 같이 할 수 있도록 한다.

- 과제를 선택하는 데 참여하고 주도권을 갖는다.
- 어떤 현상에 대해 수학적으로 설명하는 능력을 발달시키는 동기로서 놀라움을 경험한다.
- 초기의 열정을 충분히 오랫동안 유지시켜 경험으로부터 학습하고 만족감을 갖는다.

학습자가 선택하고 주도권을 갖는 과제 상황 속에서 학습자는 무엇을 학습하는가?

학습자가 과제 선택에 참여할수록 수학을 숙달해야 하는 추상적 기법의 더미가 아닌 구성적인 집합체로 보게 된다. 또한 학습자가 과제를 탐구하고 조사할 때 어떻게 시작해야 할지 이해하게 되므로 더 집중하고 주도권을 가질 것이며 자신이 한 것으로부터 즐거움을 더 가지게 된다.

다음 질문은 학습자가 참여하고 주도권을 갖는 경험에 집중할 수 있도록 하는 데 도움이 된다.

- 학습자는 일반화의 근거를 찾기 위해 어떤 예제를 사용해야 할지 선택할 수 있는가?
- 학습자는 주어진 문제를 풀기 위한 접근 방법을 선택할 수 있는가?
- 학습자는 어떤 문제를 다뤄야 할지 결정할 수 있는가?
- 한 학습자가 다른 학습자에게 어떤 문제를 풀도록 할지 결정할 수 있는가?
- 학습자가 과제를 선택하는가?
- 학습자는 주어진 유형에서 쉬운 문제나 어려운 문제 혹은 도전할만한 문제들 중 선택할 수 있는 선택권이 있는가?

선택의 기회를 가지고 있는 학습자는 집중적인 성찰을 통한 경험, 즉 '학습하는 방법을 학습'하는 경험을 통한 학습을 하는 데 도움이 필요하다. 이러한 학습을 통해 학습자는 더 몰입하고 정형화된 문제에 대해 교사에게 덜 의존한다. 그렇게 함으로써 교사는 가르치고 있는 주제의 복잡한 측면에 더 집중할 수 있게 된다.

어떤 현상에 대해 수학적으로 설명하는 능력을 발전시키는 동기로서 놀라움을 경험하도록 구성한 과제 상황은 학습자가 무엇을 학습하도록 하는가?

놀라움은 과제가 가져야 하는 중요한 특징이다. 왜냐하면 놀라움이 수학에 몰입하는 에너지를 만들기 때문이다. 학습자는 자신을 놀라게 한 과제에 더 몰입할 것이고 그것을 해결하고 싶어한다.

다음은 교사가 학습자가 경험한 놀라움을 느끼는 과정에 초점을 둘 수 있도록 도움을 주는 질문의 예이다.

- 과제가 놀라움을 생성할 가능성이 있는가?
- 학습자는 처음 발견한 놀라운 사실을 설명하려는 충분한 호기심을 가지고 있는가?
- 학습자가 초기의 놀라움으로부터 벗어나 상황의 전형적인 특징을 인식하고 이를 더 일반화해 갈 수 있도록 도울 수 있는가?

놀라움이 유용한 시작점일지라도 지속적으로 활동에 몰입하도록 발전시키는 것이 더 중요하다.

초기의 열정을 충분히 지속시켜 경험으로부터 학습하고 만족감을 얻도록 하는 과제 상황은 학습자가 무엇을 학습하도록 하는가?

학습자의 열정은 학습의 중요한 요소이다. 무엇보다 열정은 진전이 필요한 활동을 계속하도록 돕는다.

다음은 지속적인 학습 경험에 학습자가 좀더 집중하도록 하는 질문의 예이다.

- 초기 과제가 흥미로운가?
- 학습자가 처음에 전혀 달라 보이던 대상이나 테크닉 혹은 결과들이 공통점을 갖고 있다는 것을 발견하는가?
- 일반화할 수 있는 가능성이 있는가?
- 학습자가 생각하고 이해하고자 하는 원동력이 되는 맥락이 있는가?
- 학습자가 경쟁적인 측면에 긍정적으로 반응하는가?

만족감은 개인적 힘을 사용하고 발전시키는 데에서, 그리고 이전에는 이질적으로 보였던 아이디어들을 통합시키거나 무언가를 이해하기 시작하는 데에서 비롯된다. 또 과제가 학교 밖 생활과 연관되어 있거나 학교 생활의 어떤 측면을 재조직하는 것과 관련되어 있다고 느낄 때에도 학습자는 만족한다.

인식

다음은 주로 인식에 대한 것이다. 인식과 관련한 과제 상황은 학습자에게 다음과 같은 가능성을 제공한다.

- 학습자의 힘을 발달시키고 개선시킨다.
- 수학 문제의 다양한 유형을 경험한다.
- 다른 사람들과 아이디어에 대해 토론하고 테스트한다.
- 혼자 힘으로 아이디어를 재구성한다.

학습자의 힘을 발달시키고 개선시키는 과제 상황은 학습자가 무엇을 학습하도록 하는가?

이 질문은 학습자가 어떤 일에 대해 물리적으로 뿐 아니라 감정적, 정신적으로 몰입할 가능성을 다룬다. 이것은 학습자가 하던 것을 잠시 멈추고 활동을 이해하려는 시도를 할 가능성까지 아우른다. 또한 학습자가 개별적인 대상을 일반화하고 일반화를 표현할 수 있는 특별한 예를 구성할 수 있는 가능성을 포함한다.

학습자의 힘을 사용할 수 있도록 도움을 주는 질문의 예는 다음과 같다.

- 학습자가 자연스럽게 사용할 수 있는 수학적 사고 과정은 무엇이며 어떤 힘을 유발시켜야 하는가?

- 학습자를 설득하지 않아도 가정을 세우고 이를 시험하기 위해 표나 그래프를 그리고, 예제를 구성하는가?
- 학습자는 점점 더 독자적으로 학습하는가?

학습자가 과제 상황에 참여하고 활동의 일부에 몰입하도록 하는 것에는 많은 변수가 있다. 과제는 학습자가 수학적 사고자로서 점차 독립할 수 있도록 훈련하는 수단으로 간주될 수 있다. 또한 과제는 학습과 가르침을 시간이 지날수록 더 효과적이게 만든다.

다양한 수학 문제 유형을 경험하도록 하는 과제 상황은 학습자가 무엇을 학습하도록 하는가?

학습자가 풀어야 하는 문제 유형은 수학에 대한 관점에 영향을 끼치기 때문에 가능성의 범위는 중요하다.

다음은 학습자가 수학 문제를 해결하는 경험에 더 집중할 수 있도록 도움을 주는 질문의 예이다.

- 학습자는 폭넓은 문제와 질문을 경험하는가?
- 학습자는 수학적 대상을 스스로 구성하거나 재구성하는가?

한편, 학습자는 수학이 선천적인 힘을 훈련하는 것을 포함하는 창조적이고 건설적인 활동이라는 인상을 가질 수 있다. 다른 한편으로 학습자는 수학이 폐쇄적이고, 협소하며 양식화되고 현실적이지 않은 문제에 적용하는 기법의 정형화된 집합이라고 믿을 수도 있다. 왓슨과 메이슨(Watson & Mason, 1998)은 수학 문제의 다양한 유형을 연구하고, 표준화되고 정형화된 과제가 이 다양성을 표현하는 데에 어떻게 적용될 수 있는지 보여주었다.

다른 사람과 아이디어에 대해 토론하고 테스트하게 하는 과제 상황은 학습자가 무엇을 학습하도록 하는가?

어떤 과제를 해결했다고 해서 갑자기 그 과제를 이해하는 것은 아니다. 이해는 시간이 흐름에 따라 성숙해진다. 많은 교육자들은 아이디어와 역량이 발전하는 점진적인 과정이 토론을 통해 강화되는 것을 관찰해왔다.

다음은 학습자가 토론을 경험할 수 있도록 도움을 주는 질문의 예이다.

- 학습자가 할 것과 한 것에 대해 말하는가?
- 학습자는 자신의 아이디어를 명확하게 하기 위해 다른 사람들과 이야기하는가?
- 학습자는 다른 사람의 조언과 아이디어를 듣고 답할 수 있는가?

학습자가 과제 풀이에 내재된 기법이나 아이디어를 합리적이고 유창하게 말할 수 있을 때, 기법이나 아이디어를 기록하는 것은 유용하다.

혼자 힘으로 아이디어를 재구성하도록 하는 과제 상황은 학습자가 무엇을 학습하도록 하는가?

학습자가 항상 지침을 따른다면, 특히 그 지침들이 완전히 명백하여 문제없이 개선되어 있는 것이라면 학습자는 아무 생각 없이 그 지침을 따르며 반응할 것이다. 그러므로 학습자가 스스로 아이디어를 재구성할 수 있는 영역을 제공하는 것이 필수적이다.

다음은 학습자가 경험을 재구성할 수 있도록 도움을 주는 질문의 예이다.

- 교사는 학습자 스스로 새로운 상황이나 맥락에서 사실과 기법을 재구성하도록 격려하는가?

- 학습자에게 주어진 과제가 암기된 기법만을 활용하도록 하는가?

학습자가 의미있게 어떤 일을 할 때에만 교육이 일어난다는 사실을 명심하면 학습자는 과제를 통해 배울 수 있다. 새로운 상황을 만났을 때 학습자는 더 유연해질 것이고 새로운 환경에 적응할 준비를 한다.

3.6 과제 펼치기

'내 상황에 딱 들어맞는' 이상적인 과제를 찾는 것은 필수적이지도 않고, 궁극적으로는 유익하지도 않다. 교사가 교실에서 과제를 만드는 방법을 개발하거나 이미 있는 과제를 적용하는 방법을 개발하게 하는 것이 보다 더 효과적이다. 그러한 방법은 과제를 본래 형태보다 더 풍부하게 만들기 때문에 '과제 펼치기Opening up tasks'라는 일반적인 주제에 해당한다. 이 장은 과제 펼치기의 여러 가지 방법을 간단히 요약하였다.

몸 풀기 과제

수업을 시작할 때 몸 풀기 과제를 시행하는 한 가지 목적은 정신적 형태의 건강 체조를 제공하는 것이다. 다른 목적은 학습자의 최근 학습에 대한 기억을 상기시키는 것이다. 특히 학습자에게 내면화되어 있는 기법과 그렇지 않은 기법을 모두 연습하게 한다. 또 다른 목적은 학습자가 타고난 수학적 힘을 사용하고, 중요한 수학 주제를 접하게 하는 것이다.

수업을 시작할 때 일반적인 패턴을 발견하고 표현할 기회를 주는 방법은 학습자의 선천적 능력인 상상하기와 일반성 표현하기를 훈련시키는 데 유용한 전략이다. 이때 일반성 표현하기 대신에 학습자에게 특수화를 하도록 요구할 수도 있다. 한 예로 일련의 일반화와 특수화 과제는 다음과 같은 문제로 시작할 수 있다.

57과 75 중 어느 것이 더 큰가?

그리고 다음 표와 같은 과제를 만들 수 있다.

일반화	특수화
두 개의 두 자리 수 중 어느 것이 더 큰지 어떻게 말할 수 있는가? (두 자리보다 더 큰 자연수, 소수나 분수에도 가능한 방법인가?)	10과 100 사이의 수를 하나 적어라. 이제 그 수보다 작은 수를 적어라. 그 후 23 이상 차이나는 작은 수를 적어라. 그 다음 23 큰 수를 적어라. … (다른 유형의 수에도 적절하게 적용시켜라.)

일반화와 특수화 과제의 다른 예는 다음과 같다.

일반화	특수화
각 행의 숫자들의 공통점은 무엇인가? 2, 20, 200, 2000, … 3, 6, 9, 12, … 5, 10, 15, 105, …	100보다 크고 아무도 적지 않았을 것이라고 생각되는 홀수 두 개를 적어라. 왜 그 두 수를 선택하였는지 설명하여라. (여러 가지 특징이 있을 수 있다. 예를 들어 두 수 모두 홀수인 제곱수라거나 13으로 나누어 떨어진다 등등)

좀더 일반적으로 학습자의 힘, 특히 일반화와 특수화의 힘과 상상하기와 표현하기의 힘을 훈련시키기 위해서는 암산가능한 과제 혹은 말로 표현가능한 준비 운동 과제를 채택할 수 있다.

과제 만들기

과제 만들기에 대해 앞에서 언급한 전략은 브라운과 월터(1983)가 주장한 '만약 …이 아니라면' 전략이다. 이 전략은 학습자에게 주어진 문제나 상황의 속성을 선택하여 '그것이 아니면 어떻게 되지?'라고 생각하도록 한다. 예를 들어 피보나치수열 1, 1, 2, 3, 5, 8, 13, …에서의 속성은 '두 개의 숫자로 시작한다.', '처음 시작한 두 수는 모두 1이다.', '각 숫자는 바로 앞 두 숫자의 합으로 얻어진다.'이다. 이 속성 중 하나를 선택하여 그 속성의 특징을 변화시켜 새로운 과제를 만든다. 위의 피보나치수열에서 마지막 속성을 선택하자. 만약 '더하는' 것이 아니라면, '곱하기'나 '나누기'가 될 수 있다. 만약 '두 개의 숫자로 시작'하는 것이 아니라면, 세 개 혹은 네 개 이상의 숫자가 될 수 있다. 따라서 새로운 문제와 과제가 만들어진다. 이것은 변화가능차원을 최대한 활용하는 한 가지 방법이다.

프레스티지와 퍼크스(Prestage & Perks, 1992)는 문제에서 언급되지 않은 특징을 살펴보다가 이와 유사한 연구를 했다. 그들의 설명 방법에 따라 다음 문제를 생각해 보자.

> 길이가 161cm인 종이 띠를 7cm의 짧은 띠로 자를 때, 만들 수 있는 짧은 띠는 모두 몇 개인가?

처음 종이 띠의 길이가 언급되지 않았을 때 이 문제는 다양한 과제로 나타난다. 종이 띠의 길이가 7cm 혹은 14cm이면 어떻게 될까? 종이 띠를 비스듬하게 자르면 어떻게 될까?

과제를 만드는 좀더 보편적인 방법은 도식, 포스터, 애니메이션, 식, 일련의 연습문제 등 살펴볼 대상을 제시하고 학습자에게 '무엇이 보이는지 말하라'고 하는 것이다. 학습자는 대상을 구별하고, 관계를 관찰하고, 성질을 발견하여 성질에 따라 대상을 특징짓는 등의 활동을 할 것이다. 무엇이 '보이는'지 말하게 하는 것은 그것이 '항상 적용되는지', 왜 그렇게 '될' 것인지에 대해 설명하게 하는 등의 더 발전된 과제를 만든다. 더구나 다른 사람이 보지 못하는 것을 볼 때 더 상세한 설명이 필요하고 종종 더 많은 과제로 이어진다. 이러한 유형의 과제는 학습자가 새로운 상황에 직면했을 때 스스로 어떻게 생각할 수 있는지에 대한 하나의 모델로 제공된다. 학습자는 있을 것이라고 상상했던 것과 구분하여 정확하게 무엇을 봤는지 스스로에게 물을 수 있다. 본질적으로 학습자가 하고 있는 행동은 변화하는 것들 가운데 불변인 것을 찾는 것이다.

벡커와 쉬마다(Becker and Shimada, 1997)는 일본과 미국 교실에서 사용되는 과제의 차이점을 조사하였고 그 결과 과제 만들기에 대해 몇 가지 제안하였다. 그들은 수학적 관계를 관찰하고 여러 변량을 포함하는 물리적 상황을 제시한 후 학습자에게 '어떤 관계를 발견했니?'라고 질문했다. 질문의 목적은 특정한 예를 초월하는 관계를 찾는 것이고 이로써 다음 이어지는 질문은 '비슷한 관계를 유지하면서 무엇을 변화시킬 수 있을까?'가 될 수 있다. 플라스틱 컵이 바닥에 원모양을 유지하면서 구를 때 "원의 크기는 컵의 크기에 따라 어떻게 달라지는가?"와 같은 질문을 할 수 있다. 더 일반적으로 3.2절에서 언급한 '조작하기-감각 얻기-명료하게 표현하기MGA'의 틀은 과제를 수행하는 동안 무엇을 발견하였는지 상기시키는 역할을 한다.

과제 수행 유지하기

과제가 행동하고, 보고, 말하고, 기록하는 것을 촉진하더라도 교사가 어떻게 학습자들로 하여금 활동을 위한 적절한 동기를 갖도록 촉진할 수 있는가에 대한 문제는 여전히 남아있다. 예를 들어 학생이 단순히 특정 패턴을 찾는 것이 아니라 일반화하도록 어떻게 집중하게 할 수 있을까? 학습을 유발하는 기본적인 요구를 포함한 과제 역시 학습자가 자신의 학습을 반영할 수 있는 기회를 갖도록 할 필요가 있다. 학습자의 과제수행 결과가 학습을 했다는 것을 보장하는 절대적인 방법이 아님에도 불구하고, 교사는 학습자의 학습으로 인식될 필요가 있는 과제를 다양하게 만들어 왔다.

그런 과제 중 하나는 학습자에게 특정한 패턴이나 연결을 보고 표현하도록 요구하는 '게임'이다. 게임을 효과적으로 즐기기 위해 학습자가 주제나 개념을 사용해야 한다면 잘 구성된 게임은 그 주제나 개념을 소개하는 유용한 방법이 될 수 있다. 학습자가 게임을 하면서 얻는 기쁨은 자신이 무엇을 하고 무엇을 보는지를 설명할 때 학습자가 전문용어를 사용할 수 있는 상황에 참여하도록 돕는다.

'31 게임'이 하나의 예가 된다. 이 게임은 두 사람이 번갈아가며 5개 이내의 숫자를 차례로 말하고 31을 먼저 말하는 사람이 이기는 게임이다. 브루소와 동료들은 '교수학적 상황'에 대해 정교하게 연구하던 1970년대에 이 게임을 자세히 연구했다(Brousseau, 1997).

31게임은 다음과 같은 기회를 제공한다.

- 승리전략을 찾고 싶어 하는 마음으로 이어진다.
- 유용한 수학 전략인 거꾸로 행하기의 가능성을 제공한다.
- 나머지라는 주제로 이끈다.
- 일반적인 전략을 형식화하기 위해 '1에서 5까지의 수를 선택하는 것'과 '31을 목표로 하는 것'에 대한 차원을 일반화할 기회를 줄 수 있다.

또 다른 형태의 과제는 **모순**이나 **놀라움**이 생기게 하는 상황을 포함하는 과제이다. 이러한 과제에서 학습자는 일어나고 있는 것을 분류하고, 견해의 차이나 모순되는 설명을 해결하며 무슨 일인지 설명하는 방법을 찾을 필요가 있다. 과제는 학습자가 서로에게 설명하고 서로의 설명에 대한 의견의 차이와 일치하는 점을 찾아내도록 한다.

모순이나 놀라움을 포함한 과제의 예는 다음과 같다.

> 각의 크기가 모두 같은 작은 삼각형과 큰 삼각형이 있다. 어느 삼각형의 각의 크기의 합이 더 큰가?

다음은 또 다른 예이다.

> 합이 1인 서로 다른 두 수를 적어라. 큰 수의 제곱에 작은 수를 더한 것과, 작은 수의 제곱에 큰 수를 더한 것 중 어느 것이 더 큰가?

일반적으로 이런 상황에서 학습자는 어려움을 겪는다. 이를 해결하기 위해 종종 토론이 사용되는데, 다음과 같은 다양한 전략이 토론을 촉진시키기 위해 적용된다.

- 학습자는 스스로 고유한 문제를 고안하고 그 문제를 다른 사람에게 제시한다. 이때 학습자는 문제를 해결하기 위해, 그리고 그 문제가 어려운지 쉬운지 다른 것과 비슷한지 등을 토론하기 위해 문제를 제시한 것이다.
- 학습자에게 특정 문제를 포함하는 이야기를 구성하도록 한다.
- 교사는 해결 중인 문제들이 학습자가 동의하지 않을 것 같은 것인지 아니면 정확하게 납득할 수 있는 것인지에 대한 '갈등-토론 수업'을 설정한다. 이 방법으로 갈등은 수업에서 만들어지고 각기 다른 결과에 대해 토론하는 학습자 그룹에 의해 해결된다.
- 교사는 활동의 마지막에 학습자가 자신이 배운 것을 말이나 글로 설명하도록 함으로써 성찰이 이루어지도록 한다.

이 전략들은 학습자가 과제의 목적을 인식하도록 돕는다. 그러므로 학습자는 적절한 동기를 가지고 과제에 접근한다. 이 전략을 사용할 때 교사가 가질 수 있는 한 가지 문제점은 그들이 제공하는 활동이 학습을 장려하기에 적합한 방법인가에 관해 다른 교사들의 견해와 상충되는 경우가 있다는 것이다. 그러므로 과제를 명확히 하는 것과 구분하여, 많은 과제에 내재된 수학을 설명하는 것은 과제의 목적을 무산시킬 가능성이 있다. 벨(Bell)은 다음과 같이 언급했다.

> 토론을 조직화하여 오개념이 드러나도록 하는 것은 많은 교사들이 어려워 하는 일이다. 사실 어떤 교사들은 학습자들을 모둠으로 조직하지만 오개념을 드러내고 토론할 것을 특별히 강조하지 않고, 일반적인 방법으로 모둠 활동을 도우면서 교실을 순회한다.
>
> 벨, 1987, p. 53

완벽해지도록 연습하기

자전거를 탄다거나 피아노를 연주하는 것과 같이, 매우 오랜 기간 동안 안정적으로 유지되는 학습 기술이 몇 가지 있다. 하지만 개념을 이해하는 것과 기법을 유창하게 사용하는 것은 둘 다 사용하지 않으면 점차 사라지는 경향이 있다. 그러므로 기법이 학습자의 기능에 통합될 때까지 학습자가 연습하면 절대 잊어버리지 않는다는 것은 중요하지 않다(Li, 1999). 오히려 기법, 단어, 단락, 개념을 학습자에게 생생하게 유지하기 위해 자주 논의하는 것이 필요하다. 다행스럽게도 수학 학습은 긴 단락의 글을 암기하는 것과 다르다. 왜냐하면 단락들은 다른 글과 관계가 없고 전체로서 상기되어야 하기 때문이다. 수학에서 과제는 새로운 것을 접하기 위해 오래된 것이 꾸준히 사용될 수 있도록 조직된다. 여기에서 3.2장에서 언급한 '보기 - 경험하기 - 숙달하기SEM' 틀을 다시 생각할 수 있다.

연습을 통한 효과적인 학습은 '**도전**' 또는 '**탐구**'를 포함하는 과제를 통해 격려할 수 있다. 이러한 과제는 또한 교실 분위기를 확장시킨다.

학습자가 발견에 초점을 둘 수 있도록 도전을 제공할 수 있다. 하지만 그 과정에서 학습자는 특별한 기법을 충분히 자동적으로 수행할 수 있도록 연습해야 한다. 이에 대한 예는 메디슨프로젝트Madison Project에서 가장 먼저 고안한 과제를 들 수 있다(Davis, 1996). 이 과제는 학생들에게 다음과 같은 이차식으로 주어진 식이 성립하려면 빈칸에 어떤 수를 넣어야 하는지 찾도록 한다. 단 빈칸에 들어갈 수는 모두 같은 수이다.

$$(\square \times \square) - (5 \times \square) + 6 = 0$$

어떤 수를 대입하면 등식이 성립하고 다른 수를 대입하면 등식이 성립하지 않는다. 등식이 참이 되게 하는 수는 어떤 규칙이 있는가?

학습자는 등식이 참이 되게 하는 수의 규칙을 찾는 과제를 부여받았기 때문에 이 과제의 초점은 학생들이 참여한 것을 어떻게 볼 것인가에 관한 것일 수 있다. 그러나 교사의 의도는 학습자가 변수에 다양한 값을 대입해봄으로써 변수가 무엇인지에 대한 인식을 할 수 있게 하려는 것이다. 따라서 이때 실제로 정확한 규칙 자체는 앞으로의 수학 학습에 중요하지 않아 보인다.

비슷한 목적을 갖는 다른 과제는 학습자가 세기를 해야 하는 보드게임에 기초한 것이다. 이 과제는 학습자의 관심이 게임에 집중되어 있는 동안 세기 연습을 하게 한다.

연습은 '**탐구**'를 통해서도 가능하다. 특히 한 주제에 대한 탐구는 보통 다른 주제의 테크닉과 언어를 필요로 한다. 탐구 과제에 대한 두 가지 예제는 다음과 같다.

- 태양과 태양계의 9개 행성의 크기를 비례적으로 알 수 있도록 원

모양의 종이 여러 장을 만들어라. 태양계를 그릴 눈금을 만들어서 태양으로부터 행성까지의 거리를 나타내어라.

- 서로 다른 사람과 다양한 동물이 먹은 음식의 양을 동물들의 몸무게와 비교하여라. (Sierpinska, 1994)

여기서 학습자는 자신이 무엇을 고려할지, 그것을 어떻게 다룰지를 자유롭게 선택한다. 두 가지 과제는 모두 계산과 척도를 포함하고 있다.

다른 탐구 과제는 학습자가 예제를 만들고 일반화하는 것을 포함할 수 있다. 그런 과제들은 학습자가 '단순히 계산 문제를 풀었다.'라고 생각하지 않게 하면서 학습자의 연습을 보장하는 또 다른 방법이다. 휴잇(Huwitt, 1996)은 그런 과제를 사용하도록 권장했다. 배워야 하는 기법이 학습과제의 배경에 깔린 동안 최소한 부분적으로 학습자의 관심이 과제에 있기 때문이다. 이러한 방법으로 기법의 세부사항은 학습자의 사고에 통합될 것이다. 결과적으로 학습자는 기법에 능숙해지고, 그 후에는 그것을 수행하는데 최소한의 주의를 필요로 한다. 일련의 정형화된 연습(문제)로는 이것을 성취 할 수 없다. 왜냐하면 학습자의 관심이 자동화되는 바로 그 기법으로만 향하기 때문이다.

주제 마무리하기

학습자가 요약하는 것을 돕고, 주제의 중요한 특징을 알아차리게 하는 과제는 그 과제의 해결을 마무리하는 유용한 방법이다. 이와 관련된 과제의 유형은 학습자가 계속 다뤄온 문제와 같은 종류의 예제를 만들어보도록 하는 것이다. 학습자에게 다음과 같은 문제를 만들도록 할 수 있다.

- '같은 유형'이지만 매우 쉬운 문제 (그 문제가 '같은 유형'인 이유는

무엇인가?)

- '같은 유형'이지만 매우 어려운 문제 (그 문제가 '매우 어려운' 이유는 무엇인가?)
- '같은 유형'의 일반적인 문제 혹은 변화가능차원을 다양하게 만들 수 있는 몇 가지 문제
- '같은 유형'의 문제를 해결할 수 있는 능력을 입증할만한 다른 문제
- 다른 학급이나 내년에 학습할 학습자를 위해 도전할만한 문제

이런 종류의 과제는 학습자의 주의를 특수한 과제로부터 벗어나 과제 자체의 영역으로, 학습자가 지금 다루어야 하는 문제의 일반적인 종류로 향하게 만든다. 이런 종류의 과제는 학습자의 변화가능차원에 대한 인식과 그에 연결된 '과제 유형'을 구성하는 허용가능범위를 나타나게 한다. 또 이 문제들은 학습자가 '과제 유형'을 인식하는 것을 도와줌으로써 학습자는 다음에 다시 그 과제의 유형을 만났을 때, 특정 유형의 과제라는 것을 더 잘 인식하게 된다.

어떤 주제에 대해 사고를 촉진하는 또 다른 과제의 유형은 다음과 같다.

- 학습자가 주제의 세 가지 맥락인 행동, 감정, 인식에 대해 생각하도록 만드는 브레인스토밍 과정
- 주제에 대해 학습자 자신만의 망 도식web diagram12)을 구현하게 하는 것

일반적으로 각 과제는 수학적이고 교육학적인 변화가능차원을 모두 갖고 있다. 학습자의 수학적 차원을 아는 것은 매우 필수적이다. 학습자의 관심과 참여는 교육학적 차원을 이끌어냄으로써 유지될 수 있다.

12) 역자주: 브레인스토밍에 흔히 사용되는 연결망 모양의 그림을 의미한다.

요약

이번 장의 초점은 과제와 관련된 저자, 교사, 학습자가 서로 다른 관점을 가지고 있다는 것이다.

과제를 설계하고 사용하는 것에 대한 몇 가지 생각의 틀이 소개되었다. 그것은 '**보기-경험하기-숙달하기**SEM', '**내적, 외적** 과제 사이의 구별', '**조작하기-감각 획득하기-명료하게 표현하기**MGA'의 틀이었다. '보기-경험하기-숙달하기' 틀은 학습자를 어떤 궤적 위의 존재로 간주한다. 그 궤적에서 학습자는 예전에 학습한 것을 발견하고, 이전에 접했던 것으로부터 더 많은 경험을 얻으며 후에 지금 접한 주제, 아이디어, 기법을 만족할만한 수준으로 발전시킨다고 보는 것이다. '조작하기-감각 얻기-명료하게 표현하기' 틀에 따르면, 학습자는 무슨 일이 일어나는지 파악하고, 그것을 간결하고 분명하게 설명하기 위해 물리적, 정신적, 상징적, 시각적 대상을 조작할 때, 학습자의 아이디어가 더 명백해지고 더 이해할 수 있다는 것을 발견할 것이다. 이 모든 일들은 학습자가 자신 고유의 힘을 사용하고 개선할 때 가장 효과적으로 일어난다.

종합하면 이러한 틀은 어떠한 수업과 과제가 학습에 기여할 수 있을지에 대한 더 풍부하고 통합된 감각을 제공한다.

교실의 사회적 상황과 활동하는 방법, 분위기, 즉 '**밀리외**'의 중요성에 대해서도 관심을 가졌다. 학습자가 더 독립적일수록 좀더 몰입할 수 있다. 이를 위해 학습자가 과학적인 토론에 참여하는 '**추측하는 분위기**'라는 표현이 소개되었다.

'변화가능차원'의 아이디어는 과제가 제시되는 방법으로 확장되었다. 변화가능 차원은 9가지 과제 제시 방법으로 설명하였다. 또 너무 많은 다양성은 혼란을 주지만 다양성이 거의 없는 문제는 의존도를 높게 함을 시사하고 있다. 변화가능차원의 개념은 과제에 참여하는 학습자의 본성에 대한 질문을 만드는 데 쓰였고, 이것은 과제에서 교사와 학습자가 실제로 채택하는 '**가능성**'과 '**기회**' 사이의 구분을 만들어냈다. 가능성은 정신의 측면으로서의 인식, 감정, 행동과 연결된다.

마지막으로 어떤 과제든 그것이 얼마나 정형화되었든 간에 학습자가 계속 참여하려면 모든 과제는 도전과 탐구로 시작해야 한다는 것을 제안했다. 이것은 학습자가 기법을 사용해야 하는 예제들로 이루어진 더 큰 과제에 참여할 때 실행이 더 효과적이라는 것을 제안한 것이었다. 이런 방법으로 학습자의 관심은 기법의 훈련에서 벗어나고 기법은 학습자의 사고에 통합된다.

04

수학 활동

Mathematical Activity

학습자를 위한 과제를 설정할 때 학습자가 현상을 능동적으로 이해하고 학습자의 선천적인 힘과 학습한 기술을 발휘하도록 하는 것이 요점이다. 하지만 단순히 과제를 설정하고 실행하는 것뿐 아니라 그 이상을 바라보는 것이 중요하다. 따라서 이 장에서는 학습자의 수학적 힘과 수학 주제에 대한 인식을 통해 어떻게 학습자가 배움이 있는 활동에 참여하게 되는지에 대해 논할 것이다.

우리는 1장에서 과제와 활동을 구분하였다. 교사는 학습자가 활동할 수 있도록 과제를 설정한다. 그런데 활동 그 자체로는 학습이 아니며, 그저 과제를 하는 것에 불과하다. 하지만 활동의 과정 속에서 학습자는 수학적 아이디어와 수학 주제를 만난다. 또한 새로운 테크닉을 계발하고 연습하며 학습자가 가진 수학적 힘을 사용한다. 이렇게 활동은 학습이 일어날 수 있는 기반을 제공한다.

활동을 하는 동안 학습자는 행동을 통해 인식을 일깨우고, 수학의 다른 면을 바라볼 수 있는 민감성을 가지게 된다. 행동은 학습자가 적극성을 갖도록 자극하며 수학을 더 잘 이해하도록 탐구하게 만든다. 또한 행동은 어떠한 테크닉을 유창하게 사용하여 능숙해지고 싶은 욕구를 자극한다. 감각 있는 교사는 학습자의 흥미에 초점을 맞춤으로써 활동이 학습에 도움이 되도록 할 수 있다.

과제 뒤에 숨겨진 의도는 다양하다.

- 과제는 학습자가 어떤 수학 주제와 새롭게 만나도록 한다.
- 과제는 새로운 아이디어를 만나거나 기존의 아이디어를 연습할 수 있는 맥락을 제공한다.
- 과제는 개선과 강화가 일어나도록 하거나 또는 개관을 통하여 성찰과 통합이 이루어지도록 한다.

각각의 목적은 2장에서 다루었던 수학 활동(행동, 감정, 인식)의 세 가지 측면 중 하나를 강조한다.

4.1 활동과 행동

이 책의 서문에서 보았듯이, 크리스티안센과 발터(1986)는 과제와 활동을 구분하였다. 이러한 구분은 활동 생성하기를 목적으로 하는 과제의 설계에 대해 생각할 수 있게 한다. 또한 교사의 의도와 학습자가 실제로 행하는 것 사이의 혼란을 막을 수 있다.

교사는 학습자들이 항상 활동에 참여하도록 한다. 때때로 활동은 도제가 장인의 감독 하에서 일을 배우는 것과 유사하기도 하고(Brown, Collins and Duguid, 1989), 때로는 이미 학습한 유형을 따라 반복하는 연습이기도 하다. 또한 활동은 규칙을 기억하고 그것을 연습문제나 실제 상황에 적용하는 것일 때도 있고, 학습자가 수학적 발견과 창의성을 경험하도록 교사가 탐구를 안내할 때도 있다.

하지만 수학 활동이란 무엇인가? 그것은 분명 학습자가 부산하게 움직이거나 여러 가지를 적어내는 것 이상일 것이다. 학습자가 토론을 통하여 즐겁게 사회적 상호작용을 하고, 가위를 사용하고 표를 그리며 바쁘게 움직였더라도 그것은 수학 활동이 아닐 수 있다. 한편 학습자가 조용히 앉아서 창밖을 응시하고 있더라도 깊게 사고하고 있었다면 그것은 수학 활동이 될 수 있을 것이다. 학습자의 활동이 수학적인 것이 되려면 수학적 사고의 요소가 있어야 하며 학습자의 경험과 인식의 발달이 있어야 한다. 수학 활동 여부를 판별하기 위해 과제가 얼마나 정확하게 완수되었는지만을 고려하는 것은 충분하지 않다.

비고츠키의 교수-학습에 대한 아이디어를 발달시킨 레온티예프, 갈페린 그리고 다비도프(Wertsch, 1981)와 같은 소비에트 교육 심리학자들은 학습자에 의해 행해지는 **행동**이 **활동**으로부터 구분되어야 한다고 제안하였다. 그들에게 활동이란 다소 명확하지 않은 동기를 가진 것인 반면에, 행동은 명확한 목적을 염두에 두고 행해지는 것을 말한다. 즉, 행동은 미시적인 수준과 관련되어 있고 활동은 거시적인 수준과 관련되어 있다. 행동과 활동에 대한 예시가 표 4.1에 나타나 있다.

[표 4.1]

행동	활동
대상을 보여주거나 위치를 설명하기 위해 특정한 좌표를 사용한다.	대상이 한 직선 위에 있는지 확인하기 위해 점을 찍어보거나 좌표를 찾아본다.
정보를 표나 목록으로 정리한다.	주사위가 편향되어있는지를 판단한다.

3장에서 제시했듯이 활동은 목적과 의도가 있을 때 일어난다. 비고츠키(1978)에 의해 발달한 일반 활동이론의 일부분을 받아들인 레온티예프는 활동을 **동기를 가진 행동**으로 결론내리고 활동을 '동기의 관점에서만 시작되고, 동기의 관점에서만 해석될 수 있는 과정'이라 하였다(Christiansen & Walther, 1986, p. 255).

다양한 활동들의 가장 중요한 차이점은 활동을 하는 사람의 동기로부터 나온다. 사람들은 마음속에 그들이 하고자 하는 것에 대한 이미지를 만든다. 이 이미지는 다시 스스로를 세계와의 관계 속에서 바라보도록 한다. 이러한 방식으로 사람들은 동기를 얻는다. 거시적 수준에서 활동은 사람들이 동기를 실현하기 위해 행동한 결과이다. 한편 미시적 수준에서 동기는 사람들이 행동을 통해 도달하고자 하는 연속적인 목표를 만든다.

행동을 통해 무언가를 배우려면 학습자의 동기가 숨겨진 구조나 관계에 관한 것일 때 도움이 된다. 이때 학습자는 특정한 대상을 좀더 일반적인 범주를 대표하는 것으로 다루게 된다.

행동은 '문화적 도구'를 사용하여 실행된다. 문화적 도구는 펜, 종이, 자와 같은 물리적인 도구이거나, 퍼센트나 통화 기호와 같은 상징일 수도 있고, 스프레드시트와 같이 어떠한 정보를 보여주기 위한 형식일 수도 있다. 가장 핵심적인 문화적 도구는 사람들이 환경 속에서 습득하는 언어이다. 이러한 문화적 도구는 학습자의 아이디어를 이끌어내는 중재자로서 작용한다. 가령 아이들이 나란히 놓아 길이를 비교할 수 없는 두 사물을 끈이나 자와 같은 도구를 사용하여 길이를 비교할 때, 그들은 행동의 중재자로서 문화적 도구를 사용한 것이다.

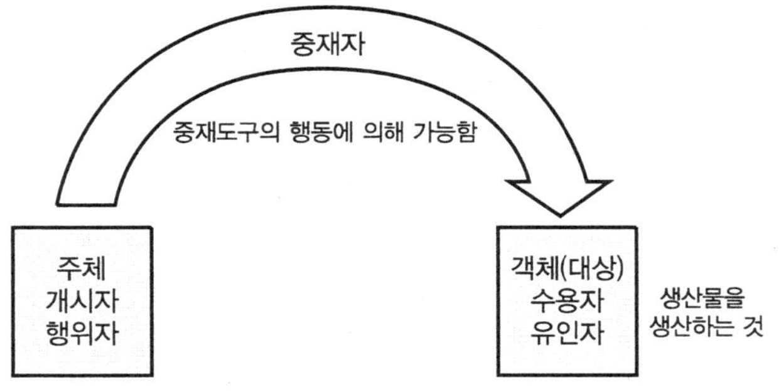

그림 4.1 행동에 요구되는 세 가지 요소

고대 인도인의 관점에 의하면(Bennett, 1966; Raymond, 1972), 행동은 세 가지 존재에 대한 요구로 볼 수 있다. 그것은 다른 어떤 것을 발동시키고 **행동**하는 것, **행동을 수용하거나** 승인하고, 혹은 행동하도록 이끄는 것, 그리고 이를 **중재**하는 충동이나 힘과 같은 것이다. 행동의 결과는 생산물(그림 4.1)이다. 다시 말해, 학습자가 대상(물리적, 심리적, 상징적)을 조작할 때 그들은 그 대상에 대해 행동하는 것이다. 그러한 행동은 문화적 도구에 의해 중재되어 생산물을 만든다.

아래에 제시된 네 가지 예시는 학습자의 활동과 행동에 관련된 아이디어들을 설명한다.

예시 1

이 활동은 자를 사용하여 두 개의 길이를 비교하는 것이다. 행동의 동기는 길이를 비교하는 것이다.

학습자는 첫 번째 길이에 대하여, 숫자로 표현되는 양을 측정하기 위해, 자(문화적 도구)에 의해 중재된 행동을 한다.[13] 학습자는 두 번째 길이

13) 역자주: 자로 길이를 쟀다는 의미의 문장이다. 이 문장은 행동이 무엇에 행해졌고, 무엇을 생산하며 어떠한 도구에 의해 중재되었는지를 자세하게 나타내기 위한 것이므로 다소 어색함에도 불구하고 원문의 의미와 형태를 최대한 살려 번역하였다.

에도 자를 사용하여 수의 형태로 된 결과물을 얻는다. 그리고 학습자는 측정된 두 양에 대하여 '십진법'이라는 문화적 도구를 사용해 길이를 비교하고 그것을 '길다', '짧다', '같다'와 같이 특성화하기 위한 새로운 행동을 시작한다.

예시 2

이 활동은 수열을 나열하는 것이다. 행동을 위한 동기 또한 이 수열을 나열하는 것이다.

학습자는 연속적인 항 사이의 차가 기록된 표를 만든다. 이 경우 표는 행동을 중재하는 문화적 도구이다.

예시 3

이 활동은 자료의 해석이 포함된 과제를 수행하는 것이다. 동기는 자료를 이해하는 것이고, 이것이 학습자의 행동을 안내한다.

학습자는 연관성 있는 수(數)를 구분하고 선택한다. 백분율 계산을 하고, 주어진 맥락 속에서 답을 재해석한다. 학습자는 상황을 이해하기 위해 그 자체로 문화적 도구인 수에 관한 백분율이라는 문화적 도구를 사용한다.

예시4

이 활동은 컴퓨터 프로그램을 사용하는 것이다. 동기는 좌표평면 속에 숨겨진 보물을 찾아내는 것이다.

학습자의 행동은 컴퓨터에 좌표를 입력하는 것이다. 이때 컴퓨터와 좌표체계는 문화적 도구이다. 좌표를 입력할 때마다 학습자가 선택한 위치와 보물과의 거리를 보여주는 힌트가 주어진다.

학습자의 실제 동기는 보물을 찾아 과제를 완수하는 것이다. 하지만 교사가 학습자에게 하고 있는 활동에 대해 질문했을 때 학습자들은 주어진 힌트를 무시하고 좌표를 무작위로 추측하는 것으로 드러났다. 학습자가 그들의 선택과 힌트를 반영하여 보물을 찾기 위한 전략을 개발하도록 하는 것이 교사의 의도이다. 학습자의 행동은 올바른 것이었지만, 그들의 활동은 교사가 예상한 것이 아니었다.

행동을 활동과 구분하고자 하는 중요한 이유가 예시 4에 나타나있다. 이 활동에 적합한 행동이 실행되었음에도 불구하고(이 예시에서는 컴퓨터에 좌표를 입력하는 것) 이 활동은 가치 있는 것이 되지 못했다. 많은 다른 활동에서 같은 행동이 있을 수 있다. 학습은 행동에 참여하면서 일어난다. 그러나 학습자가 행동 이면에 숨겨진 의도를 잘못 이해하거나 빠르고 편한 길만을 찾고자 하는 경우, 혹은 다른 학습자의 것을 베끼고자 하는 경우에는 행동이 무엇을 의미하는지 인식할 수 없을 것이다.

결과적으로 의도된 학습 과제나 그것과 연관된 활동 자체에는 내재된 것이 아무것도 없음이 분명하다. 핵심적인 것은 과제와 활동에 대한 학습자의 지각이다. 활동은 학습자가 적극적으로 수학 활동에 참여할 때 생산적인 것이 된다. 학습자의 도전의식이 과제에 의해 자극되고 학습자가 무언가 의미있는 경험을 하기 위해서는 학습자의 현재 지식상태와 도달해야 하는 목표 사이에 반드시 간극이 있어야 한다. 이때 그러한 목표에 도달하려는 움직임을 중재하기 위한 적당한 역량이 있어야 한다.

활동이론Activity theory은 학습자가 활동을 지각하고 조절하는 세 가지 방법을 제시한다.

첫 번째는 학습자가 이미 획득한 지식, 개념, 자기이해, 가치체계, 규범, 입장, 관점이 이루는 구조와 같이 세계에 대한 내적인 지도에 의해서이

> 다. 두 번째는 그들이 하고자 하는 것의 내적인 표현에 의해서이다. 그리고 세 번째는 외부환경으로부터 수집된 자료와 학습자 자신의 내적인 지도에서 나온 답을 비교하여 그 피드백을 이용하는 것이다.
>
> 크리스티안센과 발터, 1986, p. 257

각 방법은 학습자의 과제에 대한 관점과 과제 그 자체에 대한 변형을 일으킨다.

또한 크리스티안센과 발터는 교실에서 학습자의 활동에 영향을 미치는 중요한 요소를 제시하였다.

> …… 과제에 대한 개인의 흥미, 행동에 대한 스스로의 동기부여, 교사와 학교에 대한 학습자의 태도, 학습과 수학에 대한 학습자의 개념…… 그리고 학습자가 스스로의 행동과 자신의 학습에 대하여 **성찰**reflect을 하였는지의 여부……
>
> 크리스티안센과 발터, 1986. p. 262

이후에 나올 4.4절에서 동기와 관련된 면이 더 자세히 서술될 것이다. 하지만 우리는 우선 무엇이 수학 활동을 구성하는지에 대하여 살펴본다.

4.2 수학 활동의 유형

수학적으로 바람직한 활동을 구성하는 것은 무엇인가? 그것은 주로 학습자가 문제를 해결하거나 상황을 탐구하기 위하여 그들이 가진 선천적인 힘natural power을 사용하는 것과 관련된다. 모든 학습자는 수학을 학습하는데 반드시 필요한 선천적인 힘을 갖고 있다. 학습자는 이 힘을 사용하고 발달시킨다. 이러한 힘들은 3장에 언급된 바 있다. 여기서는 이에 대해 좀더 자세하게 설명한다.

선천적인 힘

수학 학습과 관련된 힘의 유형은 학습자가 학교를 다니기 시작하면서부터 나타난다. 학습자는 하나의 특징에 집중하고 다른 특징에는 무관심할 수 있는 능력과 다양하고 미묘한 방법들의 유사점과 차이점을 식별하는 선천적인 능력을 갖고 있다. 또한 일반화의 특정 순간을 인식하여 특수화할 수 있고, 반대로 몇 개의 특수 사례로부터 일반화할 수도 있다. 학습자는 그들이 상상한 것에 라벨을 붙이거나 기호를 사용하여 말, 행동, 그림으로 표현할 수도 있다.

이제 선천적인 힘의 여섯 가지 쌍에 대해 논의하자. 이 쌍들은 강조하기와 무시하기stressing and ignoring, 특수화와 일반화specialising and generalising, 구분하기와 연결짓기distinguish and connecting, 상상하기와 표현하기imagining and expressing, 추측하기와 납득시키기conjecturing and convincing, 조직화하기와 특성화하기organising and characterising이다. 각각의 쌍에서 두 개의 힘은 '동전의 양면'과 같다.

강조하기와 무시하기

인간의 모든 감각은 어떤 특성을 강조하면 그 결과 다른 것에는 무심하게 된다. 따라서 사람들이 TV에서 나오는 중계방송에 주의를 기울이게 되면(즉, 강조하면) 그 방의 다른 이들이 말하는 것은 무관심하게 된다. 또한 사람을 대할 때 자세에 집중하게 되면 그들이 말하는 내용에는 무심하게 된다.

무언가를 강조할 때, 이 강조는 대상의 특성에 관한 질문을 던진다. 수학에서는 종종 그 특성이 다른 방식으로 생각될 수 있는지를 질문한다. 예를 들어 '연속한 두 수의 곱은 2로 나누어진다.'는 명제를 생각해보자. 이때 '곱'이라는 단어에 집중할 경우 '연속된 두 수의 **합**은 어떨까?'라는 질문이 떠오르게 된다. 한편 '두 수'라는 단어에 집중할 경우, '세 개나 **그 이상**의 수는 어떨까?' 등의 질문이 떠오르게 된다. 가테그노(1970, 1987)는 관찰을 통해 강조하기와 무시하기가 일반화와 추상화의 기반이 됨을 알아냈다.

특수화와 일반화

일반화는 강조하기와 무시하기의 자연스러운 결과이다. 그러나 동시에 그 이상이기도 하다. 일반화는 일상적인 삶의 일부가 될 수 있다. 사람들은 특정한 것을 통해 일반적인 것을 보기도 하고, 반대로 일반적인 것을 통해 특정한 것을 보기도 한다. 일반화의 폭넓은 사용은 '그는 난폭한 운전자야.' 또는 '까치는 언제나 짝을 이루어 다닌다.'와 같은 일상적인 말에서도 나타난다. 수학자이자 철학자인 화이트헤드Alfred North Whitehead는 다음과 같이 표현하였다.

> 과학의 진보는 관찰로 이루어진다. …… 영원히 변화하는 것처럼 보이는 세계의 사건에 대하여 끊임없는 기발함을 보여주는 것은 법칙이라

> 고 불리는 일반적인 연결 또는 관계의 예시이다. 특정한 것에서 일반적인 것을 보는 것과 일시적인 것 속에서 영구적인 것을 보는 것은 과학적인 사고의 목표이다. 1919, p. 4

물론 일상적인 삶에서 대부분의 일반화는 예외를 가진다. 이것은 마치 당신이 일반적인 명제를 말할 때 다른 사람이 재빨리 그것에 모순되는 특정 사례를 이야기하는 것과 같다. 이러한 예외로부터 우리는 특정 사례를 통해 일반성을 시험하는 것이 중요하다는 것을 알 수 있다. 즉, 특수화를 사용하는 것이다. 수학에서 당신은 하나 혹은 그 이상의 특정한 사례를 이용하여 일반성에 대한 감각을 획득할 수 있다. 그리고 이를 통해 새로운 일반성을 향해 나아갈 수 있다. 예를 들어 '임의의 세 개의 숫자를 선택하자. 거기에는 반드시 합이 짝수가 되는 두 수가 있다.'라는 일반적인 명제를 생각해보자. 특정한 세 개의 숫자를 선택하여 이 명제의 타당성을 확인하는 것은 이 명제를 이해하는 데 도움이 된다. 또한 다른 사례를 시도함으로써 이러한 명제가 어째서 항상 참인지에 대한 아이디어를 얻을 수 있다.

구분하기와 연결짓기

조작을 하기 위해 사람들은 배경과 사물을 구분해야 한다. 이를 통해 사람들은 성질과 그 성질 사이의 관계 등을 인식하게 된다. 예를 들어 숫자를 세기 위해서 무엇을 세어야 할 것인지 구분해야 한다(당신은 물웅덩이 속의 빗방울을 셀 수는 없다). 이와 유사하게, 3의 배수는 다양한 수세기를 통해 구분될 수 있다. 짝수인 3의 배수와 홀수인 3의 배수를 구분하는 것, 짝수인 3의 배수와 홀수인 3의 배수가 교대로 나타나는 것, 그리고 그것을 6의 배수와 연관 짓는 것이 가능하다. 사물을 구분하는 것은 무엇이 유사하고 무엇이 독특한지를 이해하는 것 만큼이나 중요하다. 이것은 또다시 강조하기와 무시하기의 결과이다.

상상하기와 표현하기

상상하는 힘은 인간에게 필수적인 요건이며, 이러한 힘은 수학으로 이어진다. 수, 도형이나 대수적 표현은 단지 몇 개의 예시만으로도 패턴을 상상할 수 있다. 그리고 이러한 상상의 연속은 패턴에 의미를 부여한다.

그러나 상상해서 만든 패턴이 표현되기 전에는 한 사람의 머릿속에만 있는 것이다. 그래서 말이나 그림, 기호를 통해 패턴을 자세히 설명하는 것은 중요한 수학적 테크닉이다.

추측하기와 납득시키기

사람이 말하는 많은 것들은 기껏해야 추측일 뿐이다. 사람들은 종종 무언가를 이야기할 때 그것이 어떻게 될 것인지에 대해 의도를 가지고 이야기한다. 또한 자신의 이야기가 비판적으로 보일 수 있으며 경험에 의해 검증될 수 있다고 생각한다. 더불어 필요하다면 자신의 이야기가 다른 사람을 설득할 수 있을 만큼 수정될 수 있다고 생각한다.

예를 들어, 두 개의 선분에 대해서 상상해보자. 첫 번째 추측은 두 선분이 서로 교차하거나 혹은 교차하지 않는 두 가지 경우만 있다는 것이다. 이러한 추측은 다양한 질문에 대해 열려있다. 선분이 교차하는 것이 아니라 한 선분의 끝점이 다른 선분의 위에 있다면? 만약 한 선분의 끝점이 다른 선분의 끝점이 된다면? 만약 선분들이 겹쳐진다면? 이 경우 한 가지 추측이 각각의 또 다른 추측들로 확장되거나, 혹은 '교차한다'는 말의 의미가 좀더 꼼꼼하게 검토될 것이다. 수학에서 어떤 주장이 항상 참인 것인지, 특별한 경우에만 참인지, 절대로 참이 아니거나 혹은 그것이 여전히 추측에 불과한 것인지의 상태를 인식하는 것은 중요한 일이다.

조직하기와 특성화하기

사람들이 기억하기 위한 노력을 줄이기 위해 사물을 조직화하는 것은 자연스러운 일이다(당신의 부엌을 생각하라). 또한 대상이 가진 성질에 의해 특성화하는 것도 자연스러운 일이다('오, 저건 래브라도야!'[14]) 수학에서 대상을 특성화하는 것은 대상을 모두 '같은 종류의 것'으로 이야기하는 방법이 될 수 있다. 예를 들어 모든 짝수는 3으로 나누었을 때 나머지가 1이 나오는 수와 같은 방식으로 특성화될 수 있다. 또한 같은 답을 만들어내는 가능한 모든 질문들을 특성화할 수도 있다.

과제는 활동을 어떻게 촉진하는가

과제는 다양한 방법으로 유용한 활동을 만드는 데 효율적이다.

1 과제는 학습자가 어떤 것을 **상상**하도록 한다. 이러한 상상은 정신적으로 만든 구성물뿐 아니라 그림이나 컴퓨터 애니메이션 등에 의해 뒷받침된다. 상상의 목적은 학습자가 이러한 상상과 주어진 주제를 유용하게 연결할 수 있도록 하는 것이다.

> 예를 들어, '삼각형을 상상해보자. 그리고 그것을 당신이 할 수 있는 한 최대로 극단적으로 만들어보자.', '2와 3 사이의 수를 상상해보자. 이 수는 7이 포함되었으며 최소한 소수점 아래로 세 개의 숫자가 있다. 그리고 이 수를 수직선 위에 나타내보자.' 등을 생각할 수 있다.

---

14) 역자주: 래브라도(labrador)는 맹도견으로 주로 쓰이는 개의 일종이다.

2 과제는 학습자가 **일반화**하도록 한다. 학습자는 일반성을 나타낼 수 있는 특정한 것을 접하거나 그것의 변화가능차원을 고려함으로써 일반화한다. 또한 특수한 것을 통해 일반성을 바라봄으로써 일반화하기도 한다.

예를 들어, '두 변의 길이가 7과 3인 직사각형이 있다. 이 직사각형의 넓이는 얼마인가?'라는 물음에 대해 과제는 '당신이 생각할 수 있는 변화가능차원은 무엇인가? 그리고 연관된 변화허용범위는 무엇인가?' 등의 질문을 제시함으로써 학습자의 일반화를 유도할 수 있다.

3 과제는 예상하지 못했던 상황을 보여줌으로써 학습자를 **놀라게** 한다. 그리고 학습자에게 그러한 상황에 대한 설명을 요구할 수 있다.

예를 들어, 박스 둘레에 리본이 묶여있다고 하자. 이 리본은 한 모서리를 지나 인접한 모서리에서 아래로 꺾이고, 박스 아래를 지나서 다시 첫 번째 모서리의 반대편 모서리 위로 넘어온다. 이때 '어떤 위치를 지날 때 리본이 가장 짧은가?' 하는 질문을 할 수 있다.

4 과제는 학습자가 창의성을 발휘하거나, 일반성을 경험하거나, 혹은 자유로움과 제한성을 만날 수 있는 **가능성을 만든다**. 이것은 '행하기' 문제를 '거꾸로 하기' 문제로 바꾸는 것으로써 가능하다. 더불어 '~만일 이러한 종류의 문제에 대한 대답이라면 문제는 무엇이었을까?'라는 질문을 제시하거나 학습자에게 주는 자료와 그들이 알아내야 할 자료를 바꾸어 제공하는 것도 가능하다.

예를 들어, '만약 24가 답이라면, 최대공약수의 맥락에서 할 수 있는 질문은 무엇이 있을까? 최소공배수의 맥락에서는? 인수분해의 맥락에서는? 직사각형의 넓이와 관련된 맥락에서는 어떨까?'와 같은 질문을 생각할 수 있다.

5 과제는 학습자가 **예제를 만들게 한다.** 높은 수준의 자유로움으로부터 시작하여 점차 제한을 추가하는 과정을 통해 학습자가 변화허용범위를 생각하고 각 단계마다 어느 정도의 자유로움이 허용되었는지를 고려하게 한다.

예를 들어, '세 숫자를 생각해보자. 이제 세 숫자의 합이 18이라고 생각하자. 이제 세 숫자가 합은 그대로 18인데, 그 세 수의 곱을 가능한 크게 만들어보자.'와 같은 활동을 생각할 수 있다.

학습자가 과제를 받았을 때, 거기에는 학습자가 넘어야 할 중요한 활동 단계가 있다. 그것은 학습자가 어떤 문제를 해결하고 있는 흥분의 시기일 수 있다. 또한 그것은 추측이나 아이디어가 거의 나타나지 않고, 나타나더라도 서로 연관이 없는 것과 같은 좌절의 시기일 수도 있다. 조용히 앉아서 생각하는 시간이 있을 것이고, 혹은 다른 사람이 그들의 아이디어를 토론하는 것을 듣는 시간도 있을 것이다.

과제를 시작하는 것은 충돌에 의해 성냥이 불타오르는 것과 같다. 그러나 그것이 유지되고 유용하게 사용되기 위해 성냥은 더욱 본질적인 무언가에 의해 점화될 필요가 있다. 이것은 교사로부터 학생으로 주도권을 바꾸는 일에 대응된다. 이때 학습자가 충분히 동기화되기 이전이라면 쇠를 풀무질[15)]하는 것과 같은 어떤 일이 필요할 것이다.

불과 관련된 이 비유는 더 사용될 수 있다. 불이 꺼지지 않도록 더 많은 통

15) 역자주: 풀무질은 불을 지피기 위해 바람을 불어넣는 일을 말한다. 여기서는 학습자를 동기화시키는 작업을 의미한다.

나무나 석탄에 불을 옮겨 붙이는 것처럼, 교사는 학습자들이 과제에 숨겨진 진정한 질문을 이해하도록 하는 수학 활동을 계속하게 하기 위해 과제상황을 확장하거나 다양하게 한다.

과제 수행의 결과로써 학습자는 특정한 주제와 일반적인 수학적 사고의 진면목을 알아보게 될 것이다. 이때, 과제의 목적은 학습자로 하여금 발달된 힘의 종류, 확장되고 예시화 되었던 주제, 절차를 사고하는 연습, 새로 접한 개념, 사용했었던 전문용어 등에 대한 인식을 교육시키는 것이다.

4.3 활동의 흐름

수학 지도의 핵심은 교실과 교육적 밀리외 속에서 일어나는 교사와 학습자, 그리고 수학의 상호작용에 있다. 이러한 상호작용을 통하여 학습자의 기대가 강화되고, 수학자로서의 자아상이 정립되며 이해하고자 하는 그들의 동기가 인정받거나 혹은 사라진다.

학습자의 활동은 연속된 수업속에서, 혹은 하나하나의 수업내에서 균일하게 이루어지지 않는다. 여기에는 한 종류의 활동으로부터 다른 활동으로의 흐름이 존재하고, 이것은 상호작용에 의해 유도된다. 이러한 상호작용은 무작위적인 것이 아니며, 학습자의 활동을 발달할 수 있게 한다는 점에서 중요하다.

우리는 이제 이러한 발달에 대해 생각할 세 가지 틀을 살펴볼 것이다. 그것은 다음과 같다.

- 조작하기 - 감각 획득하기 - 명료하게 표현하기Manipulating - Getting-a-sense-of - Articulation, MGA
- 행하기 - 말하기 - 기록하기Doing-Talking-Recording, DTR

● 비계설정과 교수 지원 줄이기Scaffolding-and-Fading

우리는 이중 첫 번째 틀을 과제와 관련해서 3.2절에서 살펴보았다.

조작하기-감각 획득하기-명료하게 표현하기

학습자의 활동은 어떻게 대상을 **조작하고**, 구조나 관계에 대한 **감각을 획득하며** 마침내 **명료하게 표현**할 수 있게 되는지에 관하여 분석될 수 있다.

이 틀을 살펴보기 위해, 교구를 사용하여 숨겨진 구조를 밝혀내는 방식으로 학습자를 자극하는 활동에 대해 생각해보자. 예를 들어, 짝수와 홀수에 대하여 탐구할 때, 학습자는 멀티큐브[16]를 **조작**하여 어떤 숫자를 만들 수 있다. 모든 짝수는 두 개의 같은 행으로 만들어질 것이고, 모든 홀수는 두 개의 행 중 하나의 행에 추가적인 멀티큐브가 하나 더 있을 것이다. 다른 큐브블록을 맞추어가면서 학습자는 짝수와 홀수를 더하는 것의 구조에 대한 **감각을 얻을** 것이다. 그들 스스로에게 그리고 다른 이들에게 그러한 구조에 대해 말하면서 학습자는 '두 홀수를 더하는 것은 짝수가 된다'는 형태의 일반적인 진술을 명료하게 **표현**할 것이다.

이 예시에서 주목할 만한 몇 가지 포인트가 있다. 첫째, 이 교구는 학습자가 자신감을 갖고 조작할 수 있는 것이다. 둘째, 활동의 구조는 짝수와 홀수를 더할 때 어떤 일이 일어나는지 알게 하는 목표를 갖고 있다. 셋째, 모든 학습자가 자신의 멀티큐브를 다루어 숫자를 구성하기 때문에 교실에는 서로 다른 결과물이 있을 것이다. 그래서 학습자는 더 일반적인 짝수나 홀수의 예시로 다른 학습자

---

16) 역자주: 서로 조립할 수 있게끔 요철(凹凸)이 있는 정육면체 모양의 블록을 말한다. 각각의 블록에 숫자나 알파벳 등을 인쇄하여 단어나 숫자를 만드는 활동 등을 할 수 있다. 여기에서는 블록 1개가 1을, 블록을 연결하는 것이 덧셈을 의미하는 활동을 말하고 있다.

의 결과물을 볼 수 있다. 마지막으로 학습자는 가설이 성립하는지 시험하기 위해 다른 예시를 구성할 수 있다.

결과적으로 학습자가 세운 일반적인 진술은 다음 조작에서는 '대상'으로 사용될 수 있다. 따라서 학습자는 '두 짝수를 더하면 짝수가 된다'는 형태의 일반적인 명제를 다른 문제에서 대상으로 사용한다.

여기서 발생한 것은 다음과 같은 단계로 구성되는 발달의 나선이다.

- 구조, 관계, 일반성에 대한 감각을 획득하기 위한 물리적, 정신적, 상징적 대상의 조작
- 물리적, 정신적, 상징적 대상을 명료하게 표현하려는 지속적인 노력
- 과거에 학습자에게 추상적으로 보였던 것들을 좀 더 자신감을 갖고 조작할 수 있도록 하는, 사물을 바라보는 방법의 이동

이러한 단계는 학습자에 의해 반복되어 지속적인 발달 나선을 만든다.

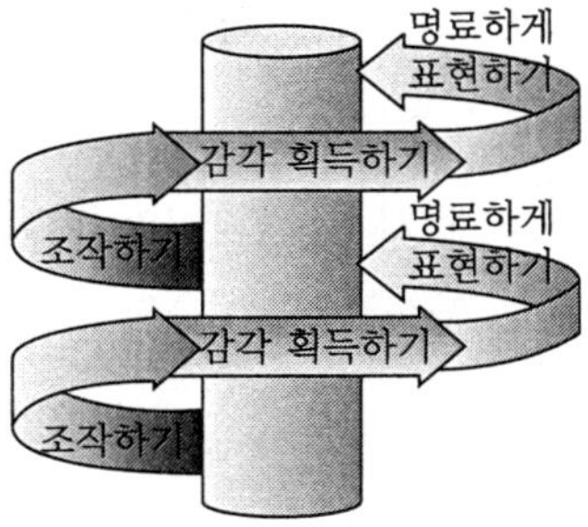

그림 4.2 발달의 나선

학습자들은 어떤 것이 의미하는 바가 분명하지 않을 때, 좀더 자신감을 느꼈던 단계로 되돌아가서, 구체적인 예시를 사용해 지금 무엇을 하고 있는지에

대한 감각을 얻을 수 있다.

조작하기-감각 획득하기-명료하게 표현하기의 틀은 교사에게 실질적인 조언을 제공하기 위하여 첫 번째로 만들어진 틀이다. 이 틀은 학습자가 교구를 사용하는 것, 숨겨진 유사성과 구조에 대한 감각을 획득하기 위하여 예시를 사용하는 것, 그리고 학습자가 추측을 명료하게 표현하고 그림과 도구를 사용하여 표현하는 것 등을 교사에게 상기시킨다.

조작하기-감각 획득하기-명료하게 표현하기의 틀의 구조에 숨겨진 아이디어는 사물을 조작함으로써 이해가 발달한다(Dienes, 1963)는 딘즈의 주장과 밀접한 유사성을 가진다. 그리고 1장에서 서술했던 브루너의 **활동적**(물리적 대상의 조작), **영상적**(심상과 감각), **상징적**(기호를 사용한) 표현 방식과도 밀접한 유사성을 갖는다.

브루너의 표현 양식과의 관계를 이해하기 위해 자릿값에 대한 학습을 생각해보자. 여기에서 **활동적** 표현은 10개의 스틱 묶음을 조작하고 사용하는 것을 포함한다. **영상적** 표현은 자릿값과 관련하여 기록을 남길 때 10개 단위의 묶음을 그리는 것을 의미한다. **상징적** 표현은 '어떠한 것'을 특별한 연관성이 없는 다른 것을 표현하기 위해 사용하는 것[17]을 말한다. 자릿값에 있어 이것은 10보다 큰 수의 표준적인 기호적 표현을 요구한다.

물론 표현에 대한 브루너의 양식 간의 경계는 모호하다. 숫자는 기호이지만, 계산할 때는 친숙하게 조작할 수 있는 대상이 된다. 조작하기-감각 획득하기-명료하게 표현하기에서 '조작하기'는 학습자가 자신감을 갖고 다룰 수 있는 예의 일반성을 특수화하려고 할 때와 그 예들로 스스로 다시 일반성을 형성할 때 조작을 한다는 점에서 더 넓은 의미를 갖는다. 이러한 면에서 특수화와 일반화, 추측하기와 설득하기와 같이, 브루너의 EIS 양식과 조작하기-감각 획득하기-명료

17) 역자주: 스틱 하나를 나타내기 위해 "/"와 같은 기호를 사용한다고 하더라도, 기호와 실제 대상은 실제적인 연관성이 없다. 이것은 그저 임의적으로 기호를 사용하는 것뿐이다. 이 문장은 그러한 의미를 나타낸다.

하게 표현하기의 나선은 같은 내용을 서로 다른 언어로 조금은 다른 관점에서 말하고 있는 것이다.

행하기-말하기-기록하기

지금까지 본 것처럼 조작하기-감각 획득하기-명료하게 서술하기는 학습자의 활동과 발달을 연관시키는 틀이다. 이러한 활동과 동시에 볼 수 있는 것은 학습자가 실제로 무엇을 했는지, 즉 그들의 행동에 대한 것이다. 학습자의 명시적 행동을 기술하기 위해 **행하기-말하기-기록하기**의 틀을 사용할 수 있다. 이 틀은 교사가 학습자에게 '무엇을 하는 것'으로부터 기록하는 것으로 몰아갈 때, 학습자가 무엇을 했는지 말하도록 하는 것과 같은 핵심적인 요소를 교사가 잊은 듯 할 때 교사를 상기시키기 위해 만들어졌다.

학습자가 아이디어나 절차에 대한 감각을 얻기 위해 계산**하거나** 대상을 조작할 때, 교사는 하기-말하기-기록하기의 틀을 사용하여 과제를 구조화 할 수 있다. 학습자는 기록하기 전에 무엇을 했고 느꼈는지(보았는지, 상상하거나 고려하였는지)에 대하여 이야기한다.

수학교실에서 **말하기**는 많이 연구되었고 이론화되어 왔다(Sfard 등, 1998). 그러나 말하기는 그 자체보다 조작하기-감각 획득하기-명료하게 표현하기의 발달 나선의 구성요소가 되어 선천적인 힘과 수학적 사고를 유도하여 학습자의 이해를 돕는다는 점에서 중요하다. 실제로 교사가 토론을 권장하는 것만으로는 충분하지 않다. 이것이 유용하기 위해서 말하기는 더욱 수학적 목적에 초점을 맞춘 전략이 되어야 한다. 예를 들어, 추측은 단순히 실행하는 것으로부터 나오는 것이 아니라, 행하고 말하고 기록하는 것으로부터 나와야 한다. 이해하고자 하는 욕구는 의견이 맞지 않거나 놀라움이 있을 때 그것을 설명하고자 하는 욕구로 나타난다.

교사는 학습에 대한 물리적인 결과물을 만들기 위해 학습자의 생각을 조기에 **기록**하도록 할 수 있다. 특히 마지못해 하는 학생의 경우에 효율적으로 기록하기 위해서는 기록이 목적을 갖고 있어야 하고 학습에 기여해야 한다. 행하기, 말하기, 기록하기는 서로에게 반영되며 상호간에 도움을 줄 수 있다. 기록은 학습자들이 자발적으로 한 것에 대하여 분명하게 표현함으로써 자연스럽게 생겨날 수 있다. 말, 그림, 혹은 움직임으로 표현하여 기록하고자 하는 시도의 결과로써 학습자의 '행하기'는 좀더 효율적인 것이 된다. 결론적으로 학습자의 표현은 하고 있는 것을 기록하는 절차에 의해 알려지고 명료화된다.

조작하기 - 감각획득하기 - 명료하게 표현하기와의 관계에 있어 행하기 - 말하기 - 기록하기 틀의 각 구성요소의 중요성에 대한 또 다른 증거가 베르뇨(Vergnaud, 1983)의 연구에서 밝혀졌다. 그는 **행동 속 이론**이라고 불리는 행동을 학습자가 종종 행하고 있음을 알게 되었다. 이것은 학습자가 비록 그것을 분명히 표현하거나 심지어 존재조차 깨닫지 못했다고 하더라도 마치 그들이 결과나 사실을 알고 있는 것처럼 행동한다는 것을 의미한다. 그래서 학습자는 마치 덧셈에서 교환법칙이 성립함을 알고 있는 것처럼 두 수를 더하는 순서를 바꾸어 계산한다. 이것은 교사가 학습자가 이미 잠재적으로 알고 있는 것을 스스로 '발견'하거나 '(재)구성하는 것'을 도와 원리나 정리, 혹은 사실 속에 숨겨진 것에 대한 학습자의 관심을 서서히 이끌어낼 수 있다는 사실과 맞지 않는다. 학교교육은 새로운 이론과 인식을 발달시키는 것뿐 아니라 행동 속 이론과 인식을 점진적으로 형식화함으로써 이루어질 수도 있다.

학습자는 어떻게 행동 속 이론을 형성하게 되는가? 몇 가지 이론적 설명이 가능하다. 비고츠키의 사회적 관점은 학습자가 좀더 능숙한 성인에게서 사회적 규범을 얻어낼 수 있다고 주장하였다. 가테그노는 학습자가 그들을 둘러싼 물질적 세계에서 사물이 어떻게 작동하는지에 대해 미묘하고 무의식적인 인식을 가지고 있다고 설명하였다. 피아제의 발생적 인식론의 개념은 학습자가 학교와 외부 환경에 의해 영향을 받아 스스로 만들어낸 잠재의식적인 추측을 행동으로 옮긴다고 주장한다. 이러한 관점 중 어느 것도 서로 배타적인 것은 없다. 각 이론마다 공통으로 포함되는 요소가 있을 것이다.

비계설정과 교수 지원 줄이기

일찍이, 교사가 직접적인 자극을 점점 사용하지 않는다면 학습자가 좀더 독립적이 될 것이라는 주장이 제기되었다. 이러한 주장은 브루너의 소비에트 활동 이론에 대한 분석으로부터 유래된 것으로 좀더 일반적인 원리의 특별한 사례이다.

비고츠키는 학습자가 문제를 해결할 때 도움을 받지 않고 할 수 있는 것과 더 숙련된 사람이나 다른 학습자에게서 도움을 받아야 할 수 있는 것 사이에 차이가 있다고 제안하였다. 그는 이러한 차이를 **근접발달영역**zone of proximal development (ZPD)이라 하였으며 다음과 같이 설명하였다.

> 독립적인 문제 해결 여부에 따라 판별할 수 있는 실제 발달 수준과, 어른의 지도나 다른 능력 있는 동료와의 협동을 통한 문제 해결여부에 따라 판별할 수 있는 잠재된 발달 수준 사이의 거리
>
> 비고츠키, 1978, p. 86

이러한 개념은 비고츠키의 본래 의도를 훌쩍 넘어 해석되어 왔다. 어떤 저자는 마치 그것이 어떠한 장소나 공간인 것처럼 'ZPD에서 작동하는' 등의 말을 해왔다.

브루너(1986)와 그의 동료들은 비고츠키의 아이디어를 받아들여 학습자가 스스로는 할 수 없던 일을 할 때, 학습자를 지원하는 교사의 역할을 기술하기 위해 **비계**scaffolding라는 단어를 소개하였다. 교사는 학습자가 스스로 문제를 해결할 수 없을 때 지원하는 역할을 함과 동시에, 학습자가 그 경험으로부터 배울 수 있

도록 한다. 비계와 연관된 이미지는 일반적으로 교사에 의해 일시적으로 제공되는 지원이다.

불운하게도, 비계는 실질적인 의미를 알 수 없을 만큼 확대 사용되어 유명해진 아이디어이다. 그럼에도 불구하고 연구자들이 비계로 판명될 수 있는 무언가를 명확하게 찾고자 할 때, 비계를 명백하게 찾아내기는 어렵다(Askew 외, 1997).

비계의 기저를 이루는 중요한 인식은 교수 지원 줄이기의 개념과 함께할 때 가장 잘 이해할 수 있다. 이는 **비계설정과 교수 지원 줄이기**의 틀을 제시한다. 아이디어는 교사가 몇 개의 다른 맥락에서 '예를 들 수 있을까?'와 같은 종류의 질문을 던지는 것이다. 이러한 질문의 효과는 스스로에게 질문을 던지지 않던 학습자에게 도움을 준다는 것이다. 그래서 교사는 '두 사람을 의식'하면서 학습자의 학습에 비계를 제공한다(Bruner, 1986, p. 75). 어느 시점이 되면 학습자는 그 질문에 익숙해지고 어떤 종류의 대답을 해야 하는지 알게 될 것이다. 교사의 도움은 점차 사라질 수 있다. 교사는 더욱 간접적인 메타 질문, '내가 어제 비슷한 상황에서 너에게 무엇을 물어보았지?', '지난 시간의 비슷한 상황에서 너는 어떻게 했었니?'와 같은 질문을 사용하게 된다. 이러한 자극은 학습자 자신이 그러한 질문을 사용하기 시작할 때까지 점점 간접적으로 변한다. 학습자 스스로 질문하도록 하기 위해, 교사는 학습자가 스스로에게 질문을 던지는 순간 주의를 집중한다. 이러한 방식으로 학습자는 점차 독립적이 될 뿐 아니라, 어떻게 학습하는지를 배우고 그 결과, 건설적인 학습방법이 나타난다.

학습자가 자극의 한 형태를 이해하고 내면화 함에 따라 교사는 학습자의 주의를 다른 문제로 돌릴 수 있으며, 아마도 다른 자극을 통해 유사한 비계설정과 교수 지원 줄이기 절차에 참여할 수 있을 것이다. 교사에게 한 가지 어려운 점이 있다면 언제 비계설정과 교수 지원 줄이기를 멈추어야 할지 알아내는 것이다. 만약 교사의 자극이 사라지지 않는다면, 그들은 학습자가 의존적이고 비효율적이 되도록 훈련시키고 있는 중일 것이다.

4.4 활동과 감정

비고츠키는 활동을 시작할 때 학습자에게 가장 적합한 과제는 학습자가 간절히 참여하기 원하는 과제라고 주장하였다.

어떻게 참여하길 원할 수 있는가? '참여를 간절히 원하는 것'은 감정적인 실마리를 암시한다. 실제로 학습자는 흥미를 일으킬만한 어떤 상황을 이해하려고 노력할 때 활동에 적절하게 참여하는 경향이 있다. 3장에서 학습자를 놀라게 하거나 흥미롭게 하는 과제들은 단순히 적절한 기술을 선택하고 정확하게 적용하는 과제보다 더 쉽게 학습자의 동기를 촉진한다는 것을 알았다. 이렇게 학습자를 참여시키기에 적합한 여러 유형의 과제들이 있다. 게임을 하는 것, 어떤 것을 실행에 옮기는 것, 화면에 있는 어떤 대상을 조작해보는 것, 동영상을 보는 것, 토론하는 것 등의 과제를 통해 학습자를 활동으로 이끌 수 있다. 학습자는 흥미로운 과제를 다룰 때 내재된 구조를 확인하거나 다른 맥락으로 그것을 일반화하려는 시도를 함으로써 활동을 지속하려는 경향이 있다.

물론 모든 학습자가 같은 것을 흥미로워하는 것은 아니다. 그러나 대부분의 학습자는 놀라움, 예상 밖의 모순, 심지어 괴로움과 같이 약간의 **불안**이 있는 과제를 제시했을 때 흥미를 느낀다. 학습자는 문제를 해결하는 시도를 통해 활동에 지속적으로 참여하고자 하는 경향이 있다. 많은 저자들은 학습자의 흥미를 자극하기 위해 갈등을 조장하는 것의 장점을 주장하였다. 어떤 연구자는 갈등을 조장하는 방법에 대해 주장했는데 다음 장에서 설명할 것이다.

갈등 조장하여 동기 촉진하기

우리는 학습자에게 일종의 갈등을 유발하여 활동을 촉진시킬 수 있는 두 가지 방법을 살펴볼 것이다. 이 방법은 학습자에게 '인지적 불균형'을 유발하는 방법을 포함한다. 즉, 이미 균형을 이룬 상태에서 갈등을 일으키는 예를 제시하는 것이다.

공격

데이비스(Davis)는 학습자가 증거를 고려하여 추측을 수정해 나가도록 하는 교수전략에 대해 '공격torpedoing'이라는 새로운 용어를 만들었다. 예를 들어, 그는 8세~12세 학생들을 대상으로 하여 빈 칸에 알맞은 수를 찾아 넣는 과제를 다음과 같이 설계하였다.

$$(\square \times 1) + 11 = 77 \qquad (\square \times 1) + 23 = 39$$

그리고 학습자에게 스스로 이와 비슷한 과제를 구성해보도록 요구하였다.

일단 학습자가 그것을 쉽게 해내면 다음과 같은 문제를 해결하도록 요구했다.

$$(\square \times 2) + 3 = 5 \qquad (\square \times 2) + 11 = 77 \qquad (\square \times 2) + 23 = 39$$

모든 학생들이 패턴을 일반화할 수 있을 때까지 이와 같은 연습을 충분히 하게 했다. 데이비스는 필요하다면 이따금 다음과 같은 예를 제공했다.

$$(\square \times 15) + 31 = 106$$

언제나 효과적인 수학 수업에서의 요점은 답을 얻는 것이 아니라 학습자가 그것을 어떻게 찾는지 주의를 기울이도록 격려하는 것이다. 그래서 각 단계마다 학습자가 어떻게 답을 얻었는지에 대하여 토론하도록 하였다. 또한 그러한 경험에서 더 많은 것을 배울 수 있도록 유사한 문제에서 같은 점과 다른 점에 대해 토론하도록 하였다.

다음은 몇 개의 의도적인 '공격'을 포함한 과제들이다.

과제1 다음 수는 짝수인가, 홀수인가?

$$3,\ 16,\ 28\ 844\ 629,\ 3\times3\times5\times14$$

직접 비슷한 예를 만들어 보고 큰 수에 대하여 그것이 홀수인지 짝수인지 구분하는 일반적인 방법을 만들어보아라.

과제2 다음 수는 짝수인가, 홀수인가?

$$-2,\ -3,\ -233$$

직접 비슷한 사례를 만들어보고 음수가 홀수인지 짝수인지 구분하는 일반적인 방법을 만들어보아라. 0은 홀수인가 아니면 짝수인가? 어떤 규칙과 정의를 사용했는가? 그것은 중요한가?

과제3 5로 나누었을 때, 나머지가 3이 되는 수열을 만들어라. 가장 작은 수가 먼저 오도록 하여라. 이러한 모든 수들을 설명하여라.

과제4 음수의 나머지는 항상 양수이다. 예를 들면, -3을 5로 나눴을 때 나머지는 2이며, -6을 5로 나눴을 때 나머지는 4이다. 5로 나눴을 때 나머지가 3이 되는 음수의 수열을 만들어라. 이러한 모든 수들을 설명하여라.

과제 2를 처음 보았을 때 학습자가 이전에 음수와 0이 짝수인지 홀수인지 생각해본 적이 없었다면 매우 놀라겠지만 곧 대칭성으로 짝수와 홀수를 구분하여 음수에 대해서도 쉽게 설명할 수 있을 것이다. 그러나 5로 나누어야 하는 과제 4로 전환됐을 때 학습자는 더욱 놀라게 되며 짝수와 홀수 대칭성에 대해 혼란스러워 하게 된다.[18)]

과제 3, 4는 5로 나누었을 때 나머지가 다른 수가 나오는 경우와 나누는 수를 5에서 다른 수로 바꾸는 경우로 확장할 수 있을 것이다.

이와 비슷한 맥락에서 헤더스, 허쉬코비츠, 슈바르츠(2002)는 다음과 같이 학생들에게 질문함으로써 기하적 '공격'을 시도하였다.

> 다음 그림에서(그림 4.3), 삼각형의 밑변의 길이는 3등분된다. 새로 생긴 3개의 각의 크기는 모두 같은가?

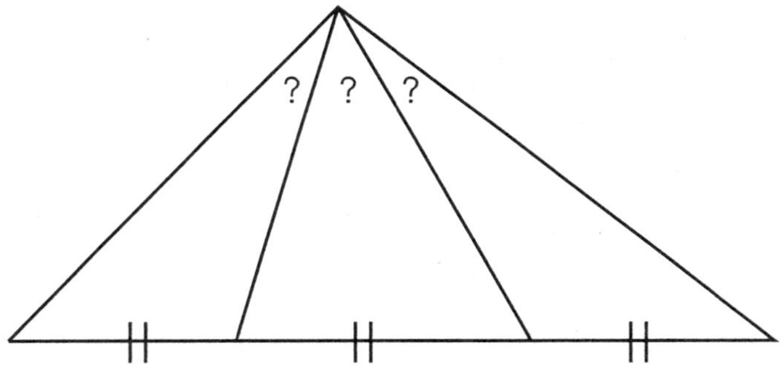

그림 4.3 밑변의 길이가 삼등분된 삼각형

처음에 학습자들은 문제를 해결하기 위해 기하적 추론을 사용할 것이라 예상되었다. 대부분의 학습자들은 각들이 항상 같을 것이라는 추측을 했다.

18) 역자주: 0을 기준으로 1과 -1은 홀수, 2와 -2는 짝수…… 등 대칭성을 고려해 홀수, 짝수를 구별할 수 있다. 그러나 정수를 5로 나누었을 때 나머지가 1, 2인 수들을 집합으로 표현해보면 $\{\cdots, -9, -4, 1, 5, 11\cdots\}$, $\{\cdots, -8, -3, 2, 7, 12\cdots\}$과 같이 집합 안에서의 원소들은 0을 기준으로 하는 수의 대칭성이 깨지게 된다.

학습자들에게 동적 기하 소프트웨어를 사용해 밑변의 길이가 삼등분된 삼각형을 만들어 보게 하였고, 이를 통해 학생들은 3개의 각이 오직 특정 위치에 있을 때만 같다는 것을 빠르게 알아차렸다. 지속적으로 여러 경우를 살펴본 뒤 학습자들은 추론을 통해 3개의 각이 절대 같을 수 없는 경우가 있음을 알게 되었다.

신중하게 가설을 세우고 그것을 '공격'하는 방법은 학습자가 수학적 활동에 참여하도록 하는 생산적인 방법이 될 수 있다.

논쟁 과제

벨과 동료들은(Bell, 1986; Bell and Purdy, 1986; Bell, Brekke and Swann, 1987a, b) 학습자가 종종 나눗셈 기호를(24÷3은 24를 3으로 나누는 것인지 아니면 3을 24로 나누는 것인가?)[19] 헷갈려 한다는 것을 알게 되었다. 또한 학습자는 '곱셈은 수를 크게 만들고, 나눗셈은 수를 작게 만든다.'는 생각을 옳다고 생각한다는 것을 알게 되었다.

연구자들은 학습자의 모순과 불안을 드러내고 학습자의 사고를 재조직할 수 있게 하는 과제를 설계하였다. 과제에는 곱셈과 나눗셈이 요구되는 간단한 맥락의 문제 뿐 아니라 다양한 기호적 표현(24÷3, 3/24, $3\overline{)24}$)과 언어적 표현('24는 3에 의해 나뉜다.', '3은 24에 의해 나뉜다.', '24는 3으로 분배된다.' 등)이 적혀있는 한 세트의 카드가 사용되었다. 본질적으로 과제는 각 그룹의 카드들이 모두 같은 것을 의미하거나 같은 답을 갖도록 그룹으로 분류하는 것이었다. 학습자는 서로 상충되는 해석을 했고 종종 과열되기도 했지만 유용한 토론이 계속 이어졌다. 과제에 깔린 원칙은 "만약 근원적인 오개념이 있다면, 드러내는 것이 훨씬 좋다."는 것이다. 즉, 오개념은 노출되어야 하며 비판적인 동료 그룹의 토

19) 역자주: 학습자는 자주 24÷3의 의미를 24를 3으로 나누는 것(24 divided by 3) 또는 24로 3을 나누는 것(24 into 3)인지 헷갈려 한다.

론 주제가 될 필요가 있다(Bell, 1986, p. 27).

많은 주제들이 논쟁 주제로 사용될 수 있다. 카드나 다른 대상들을 '거의 같은' 것끼리 또는 같은 답을 가지는 것끼리 그룹으로 분류하는 것은 학습자를 수학적 아이디어에 참여하도록 자극하는 하나의 방법이 된다. 교사는 학습자가 갈등과 불확실성을 경험했던 부분을 학습자 스스로 알 수 있게 함으로써 학습자가 활동에 더욱 참여하도록 할 수 있다. 또한 더 많은 갈등과 토론이 일어날 수 있도록 카드를 만든다면 학습자는 활동에 더욱 적극적으로 참여하게 될 것이다.

4.5 활동 유지시키기

에너지는 약해지고 흘러간다. 신선한 통찰은 학습자가 새로운 추측을 하도록 자극할 수 있는 반면 발전이 없다면 그들은 동기를 잃게 된다. 학습자가 생산적인 수학 활동을 하도록 유지하는 것은 교사들의 중요 과제이다. 흥분 상태에서 흥미와 참여를 유지하는 것은 어렵지 않다. 그러나 그것은 불가능한 일이며 바람직하지 않다. 또한 학습자의 흥미만을 위해 즐길 수 있는 간단한 과제를 설계하는 것도 옳지 않다. 교사에 따라 학습자의 흥미와 동기가 달라진다면 학습자는 수학적으로 사고하는 힘을 어떻게 사용하는지 배우지 못할 것이다. 또한 독립적이고 자신감 있는 학습자가 될 수 없을 것이다.

일단 학습자의 활동이 시작됐다면 교사는 학습자의 행동에 주의를 기울이고 수용력이 있어야 한다. 다음은 학습을 가능하게 하는 교수의 핵심적인 상호작용의 유형이다.

수학을 하는 학습자와 교사의 상호작용

- 수학을 하는 학습자 간의 상호작용
- 수학을 하는 학습자와 그들 자신과의 상호작용

교사는 학습자의 '오, 알겠어요.', 또는 '오, 바로 그거에요.'와 같은 갑작스러운 감탄은 믿지 않는 것이 현명하다. 왜냐하면 그런 감정은 일시적일 가능성이 있기 때문이다. 이것은 학습자가 주의를 잃는 것과 대상을 인식하지 못하는 것만큼이나 학습의 가능성을 제한할 수 있는 행동이다. 가르침은 그 시간 **안**에 이루어지는 반면, 학습은 그 시간 이후에 이루어진다는 것을 기억하자. 학습자가 어떤 활동에 참여하고 그 활동에서 무엇을 보는지는 교사에 의해 일시적으로 변할 수 있지만 학습이 이루어지기 위해서는 경험을 층층이 쌓는 것이 필요하다. 더불어 학습자는 경험을 통합해야 한다.

한 사람의 경험과 아이디어가 통합되는 과정은 심리학자와 교육자들에 의해 많이 연구되어 왔다. 피아제(1971)는 생물학적 지식을 사용하여 이 과정을 생물학적 은유로 제안하였다. 그는 2가지 기본적인 행동으로서 **동화**와 **조절**을 밝혀냈다. 동화는 경험한 것을 받아들이는 것인 반면에 조절은 새로운 경험을 고려하기 위해 이전의 사고를 조정해야 하는 것을 의미한다. 가테그노(1970, 1987)는 과제를 실행하기 위해 필요한 집중의 양을 줄임으로서 자동화되는 기법인 **종속을 이용한 통합** integration through subordination에 관하여 언급하였다. 실제로 교사가 학습자에게 기대하는 내용이 구체적일수록 학습자는 그들이 하고 있는 것을 이해하지 않고도 교사가 요구한 행동을 보이기 쉽다.

교사가 대응할 필요가 있는 또 다른 특징은 3장에서 언급된 교수학적 긴장이다. 학습자가 현재 이해 상태에 의거하여 행동하거나 변형되는 것 없이 기계적으로, 즉 새로운 개념, 테크닉, 사고방식에 대해 동화 또는 조절과정 없이 과제를 한다면 수업의 중요한 요점을 잊을 수 있다.

흥미 유지시키기

학습자가 교실에 들어올 때 무엇을 생각할까? 또는 언제 생각의 전환이 있을까? 모든 연령대의 학습자는 그들의 동기, 결국 교실에서의 그들의 활동에 영향을 주는 욕구와 관심을 가지고 있다. 이것은 학교 밖의 생활에서, 그리고 한 개인으로서 그들 자신에 대하여 갖는 관심과 욕구만큼 일반적인 것일 수 있다. 또는 성취하고자 하는 욕구이거나 이미 성취한 욕구일 수도 있다. 그들은 무언가 알게 되기를 열렬히 기대하는가? 그들은 지루함을 쫓기 위한 회피 방법을 찾으며 방어적인 태도를 취하는가? 그들은 스스로 다른 사람들을 모방하고 자신이 알지 못하는 것을 숨김으로써 전체 수업에서 자신을 잃고자 하는가? 그들은 상상하기, 표현하기, 특수화하기, 일반화하기, 추측하기, 확신하기에 대하여 반응하고 있는가?

수학 수업을 시작할 때 학습자는 해야 할 활동에 대해 무엇을 느끼고 있는가? 계속하기를 원하는 활동이 있는가? 또는 수업마다 항상 새로운 시작을 기대하는가? '학습자의 흥미를 유지시키기 위해' 새로운 과제 또는 주제로 수업을 시작하는 활동은 어쩌면 내려가는 나선 형태로 나타날지도 모른다. 왜냐하면 학습자는 지난 시간 주제를 기억하지 못한다고 주장하고 교사는 그것을 다시 상기시키려 하지만 이런 상황에서 학습자가 기억할 리 없기 때문이다. 그들은 어쩌면 이전에 했던 활동을 기억해내고 다음 수업에서 할 것을 상상하기 위한 심상의 힘을 사용하지 않을지도 모른다. 또는 수학이 단절된 주제와 기억해야 할 테크닉만으로 차려진 뷔페와 같다고 생각할지도 모른다. 그러나 학습자가 학습을 그만둔 곳을 기억하고 그 지점으로부터 다시 활동을 시작하기를 기대한다면 학습자는 그러한 기대에 부응하려는 경향이 있다.

학습자의 자아존중감은 종종 무너지기 쉬우며, 교사가 그들을 위해 모든 과제를 단순하게 만들어도 자아존중감은 강화되거나 향상되지 않는다. 과제를 성취한다고 해도 그 과제가 칭찬을 받지 못할 만큼 지나치게 단순화된 과제라면, 학습자는 그 성취가 진정한 것이 아님을 잘 알고 있다. 학습자는 중요하고 다루기 쉬워 보이는 것뿐 아니라 어려운 것을 극복함으로써 기쁨을 느낀다. 수학적으로 사고하는 선천적인 힘을 사용하고 발달시키는 것뿐 아니라 그러한 힘을 인식하는 것은 학습자 스스로의 동기를 촉진시킨다.

클랙스턴(Claxton)은 학습을 가장 효과적으로 지지하는 성향에 주의를 기울여왔다. 그것은 허용력, 지구력, 즐거워하는 성향, 다른 사람들과 기꺼이 학습하는 것을 의미한다. 그는 다음과 같이 말했다.

> …… 당신이 함부로 도구를 꺼내어 쓰지 않는 이상, 당신은 세상에서 가장 좋은 도구상자를 가질 수 있다. 결국 이것은 사람들이 허용력이라 부르는 성향의 한 측면에 관계된 문제이다.[20] 그것은 인내력이며, 어려울 때 조금 더 참아내는 능력이다.
>
> (클랙스턴, http://www.early-education.org.uk/1neusletter000699.htm)

수학에 대한 참여 유지시키기

학습자가 생산적인 수학 활동을 하지 않게 하는 또 다른 방법은 최소한의 투자로 주어진 과제를 끝내는 것이다. 많은 과제를 빨리 끝냈을 때, 학습자는 수학적 사고 과정뿐만 아니라 수학 주제에 대해 전혀 생각하지 않는다. 또한, 학습자는 과제를 해결하기 위해 필요한 테크닉을 사용하여 과제를 편리하게 해결하지도 않는다.

학습자의 활동이 정형화되는 것을 피할 수 있는 방법 중 하나는 개인적인 과제를 학급의 다른 유사과제들을 대표하는 과제로 보도록 하는 것이다. 이것은

---

20) 역자주: 상자를 열어 도구를 꺼내어 보지 않는 이상, 확인할 방법이 없기 때문에 나의 도구상자는 세상에서 가장 좋은 것이라 말해도 상관이 없다. 도구를 쓰고 싶더라도 잘 참는다면 세상에서 제일 좋은 도구상자를 가질 수 있다는 의미이며, 결국 인내심을 강조하는 말이다.

'질문을 하는 것'으로부터 학급에서 공통으로 다룰 수 있는 질문으로 이동하는 것이다.[21] 첫 번째 단계가 끝남에 따라 학습자는 변화가능차원의 아이디어를 이용하여 문제의 성질 중 변화시킬 수 있는 것에 대해 이야기할 수 있다. 예를 들어, 교사는 학습자에게 다음을 요구할 수 있다.

- 자료와 같이 명백한 수를 변화시켜라.
- 드러나지 않은 수 또는 구조적인 수들을 변화시켜라.
- 주어진 자료와 알아낸 자료를 변화시켜라.
- 자료의 맥락을 변화시켜라.
- 질문의 제시 순서를 변화시켜라.

계속해서 학습자 스스로 다음과 같은 질문을 만들도록 권장할 수 있다.

- 이것과 비슷한 문제가 무엇일까? 스스로 문제를 만들어 볼 수 있을까?
- 어떤 차원, 특성, 양상을 바꿀 수 있을까? 그래도 과제를 해결할 수 있을까?
- 모든 예들에 대해 공통점과 차이점은 무엇일까?
- 내가 다음에 이와 같은 과제를 어떻게 알아볼 수 있을까?
- 이 문제의 본질은 무엇일까? 문제를 변화시키지 않고 변화 가능한 특성은 무엇일까?

첫 번째는 특정한 문제를 풀고, 두 번째는 특별한 유형의 문제를 풀이한다. 그리고 세 번째는 그러한 가능한 모든 형태의 문제를 풀고 '공식'을 만드는 것

21) 역자주: 하나의 질문을 다양하게 변형할 수 있도록 구조적으로 바라본다는 의미이다.

이다. 학습자가 발달하면 할수록 기법을 기억하고 적절하게 사용하려고 한다. 또한 시험을 볼 때 예전보다 더 안정감을 느낄 것이다.

어떤 학습자는 문제를 빨리 해결하여 도전적인 문제를 필요로 할 것이다. 그러나 다른 학습자는 상대적으로 천천히 풀기 때문에 교사는 학습자가 자신의 능력을 사용하도록 격려하고 이야기를 들어줄 필요가 있다. 빨리 해결한 학습자가 적절한 수학 활동에 참여하기 위해 과제를 확장하고 일반화와 변화가능차원의 탐색을 통하여 과제를 더욱 복잡하게 만드는 방법을 배울 필요가 있다. 대부분의 과제는 확장 가능하며, 종종 도전적인 방법으로도 가능하다. 과제를 확장하는 유용한 전략은 다음과 같다.

- '2.352와 2.371 사이의 수를 찾아라.'와 같이 선택할 수 있는 답이 여러 개 있을 때 수를 세거나 모든 가능한 답들을 분류하려고 시도하여라. (이 경우는 2.352와 2.371 사이의 소수 셋째 자리의 수들은 모두 몇 개가 있는지의 문제로 확장할 수 있다.)
- '2.352와 2.371의 평균을 구하여라.'와 같이 답이 하나 있을 때 '행하기'와 '되돌리기' 문제로 전환함으로써 바꾸어 생각하여라. (이 경우에서는 같은 평균을 갖는 다른 2개의 수를 찾는 문제 또는 같은 평균을 갖는 3개의 수를 찾는 문제로 확장할 수 있다.)
- 십의 자리의 두 수 사이의 어떤 수를 찾는 방법을 설명하여라.'와 같이 문제를 일반화하여라.
- 같은 유형의 질문이 몇 개 있을 때 그 유형보다 쉽거나 어려운 문제 그리고 일반적인 문제를 구성하여라. 같은 답이 나올 수 있는 다른 유형의 문제를 생각하고 문제의 답을 생각하여라.

'행하기' 문제를 '되돌리기' 문제로 전환하는 전략은 꽤 어려운 문제를 만들 수 있다. 가끔씩 전체 학생들에게 문제를 가능한 다양하게 만들도록 했을 때, 모든 문제의 답이 같은 경우도 있다. 이러한 전략의 한 단계로서 학습자에게 답이 어떤 연관된 성질을 가질 수 있도록 하는 문제의 특징이 무엇인지 질문할 수 있다. 예를 들면,

> $2x=3$ 또는 $5x=-15$와 같은 형태의 방정식의 해가 양수 또는 음수 또는 정수가 되기 위해 문제가 가져야 하는 특징은 무엇인가?

이것은 또한 답의 형태를 특징짓는 방법이기도 하다.

수학자들이 대수를 주로 사용할 때는 문제를 하나의 유형 문제로 일반화하거나 일반적인 답을 구할 때이다. 저학년은 이러한 과정을 서술형 문제로 경험할 수 있다. 학습자는 몇 개의 문제로부터 그것을 유형 문제로 일반화할 수 있고 그러한 문제를 푸는 방법을 공식화하고 이를 위한 공식을 제시할 수 있다.

교사들이 '학습자가 충분히 오랫동안 활동에 참여할 수 있도록' 하기 위해 사용할 수 있는 다양한 전략들이 있다. 이를 통해 학습자는 단순히 책에 답을 채우는 것을 넘어 활동 속에 참여하게 될 것이다. 학습자는 다음과 같은 활동에 초대될 수 있다.

- 플레이어가 이 주제의 아이디어를 기반으로 하는 전략을 사용할 수 있는 게임을 만들게 하라.
- 관계를 탐구할 수 있는 그들 자신만의 예를 만들게 하라. 더불어 그들이 연습할 필요가 있는 계산을 하게 하라.
- 주어진 유형의 문제로부터 나타날 수 있는 가능한 답들을 특징짓게 하라.

문제를 통한 활동이 끝난 후에, 학습자는 학급의 전체 토론에서 발전시킬 수 있을만한 자신의 아이디어를 제시할 수 있다. 이를 통해 다른 학습자들은 효

과적이지 않은 접근법으로 많은 시간을 낭비하지 않고 효과적으로 생각할 수 있는 아이디어를 얻을 수 있다. 이것은 학습자에게 자신이 선택을 함으로써 활동에 참여하고 그 참여를 즐길 수 있다는 느낌을 준다. 이와 유사하게, 학습자는 자신의 문제를 공식화해보는 경험을 통해 자신들의 아이디어를 함께 모을 수 있고 어떤 문제가 흥미롭고 다루기 쉬운지 결정할 수 있다.

4.6 활동 되돌아보기

앞 장에서 학습자가 과제를 단순히 끝내는 것에서 더 나아가 과제를 통해 많은 것을 할 수 있도록 하는 활동으로 이끄는 교사의 방법에 대해 고려해 보았다. 이러한 방법이 강조됨에 따라 학습자는 과제의 요점을 놓치더라도 활동에 참여할 수 있게 된다. 학습자는 표의 관계를 인식하지 못한 채 표 안의 빈 칸에 수를 채우고 이를 완성할 수 있다. 학습자는 교사를 따라함으로써 다이어그램이 어떻게 만들어지는지, 무엇이 변하고 어떤 관계가 변하지 않는지에 대해 알지 못한 채 다이어그램을 그릴 수 있다. 학습자가 아무것도 노력하여 배우지 않았더라도 대부분 연습문제를 맞출 수도 있다.

수업에서 가장 중요한 것은 학습자가 얻게 되는 정답이 아니라 그들이 경험하게 되는 것이다. '학습자가 학습'을 늘려가는 것은 솔깃하지만, 이미 지적했듯이 학습은 과정을 성숙시키는 것이며 이는 시간이 걸린다.

아무리 사람들이 '나는 그것을 절대 잊지 않을 거야.'라고 이야기하더라도, 대부분 모든 것들은 망각된다. 잊을 수 없는 것처럼 보이는 것도(문자 또는 수를 인식하는 것, 분수를 더하는 법을 아는 것, 또는 세 자리의 수를 빼는 것과 같은) 빠르게 망각될 수 있다.

학습자가 아이디어와 테크닉을 필요로 할 때 그것을 기억해 낼 만큼 충분히 익히기 위해서 단지 그 아이디어와 테크닉을 접하는 활동으로는 충분하지 않다. 학습자는 이러한 정보를 어떠한 방식으로든 통합해야 한다. 하지만 어떻게 이루어지는가? 사람들이 수학을 어떻게 학습하는지 설명하고자 했던 교육자나 연구자들의 수많은 설명들은 하나의 일반적인 용어로 표현된다. 피아제의 용어로 학습자는 **동화**와 **조절**을 해야 한다.

비록 통합은 밤에 대부분 사람들이 잠을 자는 동안 정신 속에서 그날 있었던 일에 대한 의미를 만들고 있을 때 일어나는 것처럼 보이지만, 통합은 다른 종류의 활동에 의해 지지될 수도 있다. 그것은 학습자가 자신이 실행한 과제로부터 잠시 떨어져서 자신이 한 일이 어떻게, 왜, 언제 한 것인지 생각하는 것으로 주의를 이동시키는 것이다. 이를 통해 학습자는 경험한 것에 대해 주의를 기울이고, 그것을 추상화하거나 일반화할 수 있다. 이러한 과정을 자극하는 가장 단순한 방법 중 하나는 교사가 학습자에게 자신의 타고난 힘에 대한 인식을 증가시킬 뿐만 아니라 특별한 수학 주제, 테크닉, 전략에 대한 인식을 이끌어 낼 수 있도록 질문하는 것이다. 이러한 종류의 질문은 다음과 같다.

- 네가 오늘 한 활동을 집에서 사람들에게 말한다면 무엇을 말할거니?
- 어떻게 하면 더 잘할 수 있을까? 더 효율적으로 하려면? 무엇이 효과적이었고, 그렇지 않았니? 다음에 다르게 해보고 싶은 것은 무엇이니?
- 네가 과제를 해결하는 방법에 대해 알게 된 것은 무엇이니?

처음에 학습자는 자신의 활동에 대해 잘 기억하지 못할 수도 있다. 그들은 활동하는 것에만 열중할지도 모르며 그들이 한 것과 왜 그랬는지에 대해 전혀 인식하지 못할지도 모른다. 그러나 위와 같은 질문을 반복적으로 사용함으로써 학습자들의 최근 경험에 대해 다시 생각해보는 능력이 발달될 수 있다. 학습자는 점차적으로 이러한 질문을 스스로 할 수 있다.

성찰

위의 질문들은 성찰을 장려하는 자극의 몇 가지 예이다. 비록 '성찰'이 더 많이 사용된 용어이지만, 성찰의 행동은 지금 막 '한 것'으로부터 한걸음 물러서서 자신이 했던 것을 생각하는 것이다. 이런 성찰의 경험은 학습 과정의 발달에 기여하는 주요 방법이다.

학습자가 수업에서 생각했던 것을 스스로 또는 서로 요약할 때 그 과정은 그들의 경험을 결합시키는 것을 도울 수 있다. 이 과정은 학습자가 인식하는 것, 더 학습할 필요가 있는 것, 그리고 더 지원이 필요한 것이 무엇인지 표현하게 한다.

학습자가 요약하도록 하는 가장 효과적인 방법 중 하나는 '무엇이 같고 무엇이 다른지'에 대해 묻는 유형의 질문이다. 콜스(Coles and Brown, 1999; Brown and Coles, 2000)는 이러한 질문을 통해 어떻게 학습자가 스스로 질문을 사용하고 적용할 수 있는 강력한 방법으로 발전가능한지 보여주었다. 이는 좀더 효율적이고 효과적인 학습이 가능하도록 하였다.

학습에 핵심적으로 기여하는 '성찰'에 대한 강조는 놀라운 것처럼 보일지도 모른다. 우리 대부분은 성찰하는 과정 없이도 매우 잘 배웠다고 주장할 수 있다. 사실 여기엔 많은 다른 요소들이 있다. 힐러리(Hilary Evens)는 개방대학 학생들에게 수학적 이해의 변화에 대해 이야기를 듣고 난 후 다음과 같은 리스트를 만들었다.

읽다read, 회상하다recall, 재생시키다recap, 인식하다recognise, 회상하다recollect, 재구조화하다reconstruct, 기록하다record, 다시 하다redo, 다시 표현하다re-express, 언급하다refer(back), 성찰하다reflect, 재공식화하다reforumulate, 새롭게 하다refresh, 명심하다register, 반추하다regurgitate, 열거하다rehearse, 강화하다reinforce, 관계시키다relate, 다시 배우다relearn, 기억하다remember, 깨닫게 하다remind, 재연하다reproduce,

다시 읽다reread, 결과를 내다result, 보류하다retain, 검토하다review,
반대로 생각하다reverse, 개정하다revise, 되돌아오다revisit, 다시 쓰다rewrite.

성찰의 접두사인 *re-*는 되돌아보는 것을 암시하지만 이 리스트의 많은 단어들은 단지 되돌아보는 것만을 포함하지 않는다. 어떤 것은 과제를 할 때 수행된 행동을 묘사한다.

수업에서 교사가 학습자가 한 활동에 대해 의도한 성찰과 과제를 하는 동안 일어나는 자연스러운 비공식적 성찰을 구별하는 것은 유용하다. 후자는 학습자가 무엇이 어떻게 되고 있는지 보려고 하거나 그들이 성취한 것과 의도했던 것을 비교할 때 일어난다. 또는 피드백을 얻으려고 할 때나 하고 있는 것을 수정하려고 할 때마다 일어난다. 학습자는 어떠한 환경에서도 도움 없이 그런 행동을 할 것이며 그들 중 대부분은 수학 수업에 참여하는 동안 성찰을 할 것이다. 개념에 대한 감각을 얻는 것은 자발적으로 일어난다.

이러한 종류의 비공식적 성찰은 학습에서 매우 중요하며, 교사들은 그런 생각을 촉진할 만한 과제를 고안할 수 있다. 예를 들어, 교사는 학습자가 '다음 사례를 해보도록' 또는 '표의 빈 칸을 채우도록' 또는 '어떻게 그들의 추측을 시험할지'에 대해 주의를 기울이게 할 수 있다. 그러한 예시들은 답을 얻는 것에서 답이 얻어지는 방법으로 학습자의 주의를 옮겨가도록 할 때 사용될 수 있다.

명시적 성찰과 학습자의 선택이 존중되며 학습자가 자주성을 가지고 자신의 능력을 사용함으로써 과제에 대한 수학적 감각을 기르도록 하는 교실분위기에서 비공식적 성찰은 더욱 잘 나타날 가능성이 크다.

마무리하기

어느 교실에서든 학습자는 서로 다른 속도로 과제를 수행할 것이다. 결과적으로,

에너지의 변화나 수업의 종료 또는 특정 주제에 대한 활동의 종료 등으로 활동을 멈출 때마다 어떤 학습자는 그들이 방해받고 있다고 느낄 것이다.

이러한 상황을 수학자들이 어떤 문제를 푸는 것을 그만두어야 하는 상황과 비교하는 것은 유용하다. 이전에 언급한대로 그들은 매우 신중한 전략을 가지고 있다. 그들은 현재의 추측과 그러한 추측을 설명하는 예들 그리고 이미 발견된 것과 정당화된 것을 기록한다. 이러한 모든 것은 이미 성취된 것을 통합하며 연속적이고 경험적 감각을 얻게 한다. 또한 나중에 좀더 쉽게 과제를 다시 시작하게 한다. 이러한 것들이 많은 학습자에게 적합한 활동이 아니라 하더라도, 활동을 마무리하는 느낌을 주는 과제는 종종 수업 또는 주제의 마지막에서 적절하게 사용된다. 이는 학습자에게 그들이 하고 있는 것을 검토할 기회를 주며 그것을 자신의 사고와 통합하게 한다.

학습자에게 마무리하는 느낌을 주는 활동을 하도록 하는 과제의 예는 다음과 같다.

- 브레인 스토밍은 본질적으로 학습자가 주제의 구조를 구성하고, 직접 그 주제에 대한 망 도식을 구성하는 것에 대해 생각해보도록 한다.
- 과제에 대해 학습자가 알게 된 것과 발견한 것을 전시하는 포스터를 개인 또는 소그룹 단위로 만든다. 남에게 보인다는 사실이 학습자의 결과물에 어떤 영향을 미치는지 관찰하는 것은 흥미로운 일이다. 일단 교실에 포스터를 전시하는 게 익숙해지면, 추가적인 원동력은 학교 전체에서 포스터를 만들거나 그 결과를 잠재적으로 전 세계의 학습자들이 볼 수 있도록 인터넷에 올림으로써 얻을 수 있다.
- 활동 후에, 교사는 한 명 또는 두 명의 학습자를 선택하여 그들이 한 것을 다른 학생들에게 설명하도록 한다. 이러한 활동은 완성된 결과에 논제를 더할 수 있다. 학습자가 집에 가서 그들이 배운 것을

설명하도록 함으로써 그들의 부모님과 보호자들을 자녀의 교육에 참여할 수 있다.

학습자의 활동을 마무리할 때 특정 질문에 대한 답은 문제가 되지 않는다. 또한 다른 유형의 질문에 답하는 방법도 문제가 아닐 수 있다. 중요한 것은 학습자가 자신감을 기르는 것이다. 그러한 자신감은 이전에는 보지 못했던 문제를 볼 수 있게 하고 테크닉 뿐 아니라 개념을 배우는 방법을 알게 한다. 또한 해결되지 않던 문제를 다루는 방법을 알게 되고 과거에 학습했던 것을 연결하고 재구조화할 수 있게 되는 것을 의미한다. 결국 학습은 현재 진행되고 있는 과정이며 제한은 오직 학습자 스스로 부과한 제한임을 학습자가 깨닫는 것은 매우 중요하다.

스스로 자신감이 생기는 느낌을 받을 때 활동은 더 이상 불평과 짜증을 일으키는 에너지의 낭비가 아니다. 오히려 개인적이면서도 종합적인 요약과 의미있고 발생적인 예제의 구성, 그리고 배움으로 이끄는 일반적 원리에 대한 자세한 서술로 활동이 마무리 지어진다.

재구조화를 시작하며 참신한 문제를 어떻게 풀지 탐구하는 학습자는 그들 스스로 가치 있는 어떤 것을 배우게 된다. 그러나 오직 특정 유형의 문제를 푸는 기술만 익힌 학습자는 매우 작은 변화가 포함된 문제를 풀지 못할 수도 있다. 보아러(Boaler, 1997)는 비슷한 사회-경제적 배경을 가졌지만 한 학교는 정규 교육과정을 기반으로 개별 활동을 하고, 다른 학교는 탐구적인 그룹 활동을 한 두 학교를 비교하는 연구를 통해 이를 알아내었다. 후자의 학교에서 학습자들은 다른 사람들뿐 아니라 교실 밖에서의 수학과 수학적 사고의 잠재적 사용을 인식하였다. 또한 그들은 직면한 많은 문제에 대해 더욱 유연하게 대처하는 듯 보였다.

요약

활동은 단지 활동이다. 어떤 것을 하면서, 그것에 푹 빠지는 것은 정말로 하고 있는 것이 무엇이며 또 어떻게 하는 것인지에 대해 인식하지 못하게 할 수 있다. 또한 명백해진 것이나 활성화된 일반적인 원칙을 모호하게 할 수 있다. 단지 학습자를 참여시킨 것만으로는 그들이 수학을 학습한다고 보장할 수 없다. 그들이 하고 있는 것을 이해하는 것만으로는 그들이 학습한다고 보기 어렵다. 학습은 발달의 과정이기 때문에 학습이 일어나길 강요하는 것은 불필요한 일이다.

이 장에서는 다음과 같이, 활동을 통한 학습자의 발달에 대해 생각하는 것을 도울 수 있는 많은 유용한 구분과 이론적 틀을 제공하였다.

- 활동과 행동
- 과제가 활동을 촉진하는 방법
- 조작하기 - 감각 획득하기 - 명료하게 표현하기
- 행하기 - 말하기 - 기록하기
- 비계설정하기 - 교수 지원 줄이기와 근접 발달 영역
- 갈등 조장하기와 논쟁 과제

활동은 약간의 불안과 놀라움이 있으며 기대에 모순되고 심지어 곤란함이 있을 때 가장 효과적으로 시작된다. 수학자들이 스스로 묻는 질문을 반영한, 학습자를 위한 질문은 주의를 집중하게 하고 좁은 범위의 형식화된 활동보다는 훈련된 형태의 탐구 활동으로써 수학자의 적절한 감각을 기를 수 있도록 하는 경향이 있다.

다른 사람에게 스스로를 표현하도록 하는 것과 예시를 통해 다른 사람이 말한 것을 검증하며 듣게 하는 것은 모두 활동을 지속시키는 데 기여한다. 이러한 활동은 학습자가 질문을 구성하는 아이디어, 언어, 그리고 테크닉에 몰입하도록

한다. 학습자는 부주의한 예행연습보다는 활동을 통하여 가장 효과적으로 통합과 숙련을 획득한다. 어떤 것에 대한 감각을 얻기 위해 새로운 기술이 자동적으로 일어나도록 의미 있게 연습하는 것은 중요하다.

마지막으로 학습은 성찰에 의존하며 이 성찰은 암묵적일 수도 있다. 그러나 다양한 전략을 통해 명시적으로 촉진시킬 수 있다.

05

상호작용

Interaction

4장에서 수학 학습에 참여하려는 욕구가 학습자의 활동에 동기를 부여하는지 확인할 수 있는 방법을 알아보았다. 이 문제는 교사가 마주하는 핵심적인 것 중 하나로, 수많은 요인이 복잡한 방식으로 학습자가 하는 활동의 질에 영향을 미친다. 3장에서 보았듯이 저자, 교사, 특히 학습자의 목적과 의도는 학습자가 하는 활동의 질에 영향을 미치는 결정적인 요인이다. 학습자의 태도나 의도는 교사와 학습자가 서로 어우러지는 환경에 민감한 영향을 받는다. 교사가 학습자를 도울 수 있는 방법은 주로 학생들에게 적절한 동기를 부여하여 서로 상호작용하는 활동을 할 수 있도록 하는 것이다.

교사-학습자의 상호작용의 총체는 방대하고 복잡하다. 이 장은 몇 가지 언어적 상호작용에 초점을 맞추고 있다. 과제를 하는 동안 학습자에게 일어나는 언어적 상호작용은 학습자 자신이나, 수학, 학습이라는 그 자체에 대한 학습자의 태도에 깊은 영향을 미친다.

5.1절에서는 언어적 상호작용에 포함되어 있는 쟁점을 개관하고, 5.2절에서는 교사가 사용할 수 있는 질문이나 학습자를 자극할 수 있는 방법을 고찰하고, 동시에 어떻게 학습자의 응답을 다룰 것인지 조사한다. 5.3절은 교사의 말이나 경청에 따라 수반되는 학습자와 교사의 상호작용을 조사하고, 이와 더불어 교실 담론에서 일어나는 상호작용을 고려한다.

5.1 언어적 상호작용

'사람들과 말할 수 있지만, 그 사람이 당신의 말을 들어줄 준비가 되어 있지 않다면, 아무 의미가 없다.'

- 1984년 영화 〈인도로 가는 길〉 중에서

대부분의 언어적 상호작용은 질문하기, 말하기, 듣기를 포함한다. 화자가 질문하거나 말을 함과 동시에 청중들이 자신의 의도와 다른 경험을 할 수도 있다는 것을 고려하기는 쉽지 않다. 질문이나 말을 한다는 것은 교실에서건 교실 밖에서건, 최적의 시기와 복잡하게 얽혀 있다. 특히 다음과 같은 이유로 문제가 발생한다.

- 질문할 때, 응답자는 질문자의 질문을 심사숙고하며 응답자의 생각은 그 대답에 그대로 반영되어 나타난다고 가정한다.
- 사람들이 무언가를 **말할** 때, 청자는 화자가 말하는 것이 무엇인지 알 것이라 가정한다.

그러나 단순히 위와 같은 부적절한 가정을 하게 된다는 이유로 사람들이 질문하고 말하는 것이 비효과적이라는 것은 아니다. 말하는 것을 들을 준비가 되었을 때, 그 말하기는 매우 효과적이다. 비유하자면, 마치 비옥한 땅에 씨앗을 심는 것과 같다. 참여하고 흥미를 가졌을 때 질문은 실제로 청자를 자극할 수 있다. 이때서야 비로소 씨앗의 싹이 트고, 성장의 순환이 다시 시작되는 것이다.

질문하기와 말하기를 단순화하여 생각할 필요가 있지만, 교실에서의 언행은 복잡하다는 것을 명심해야 한다. 예를 들어, 수업의 여러 가지 측면에서 사고나 행동을 조정하기 위해 다음과 같이 말할 수 있다.

- 교사는 '그래서 왜 괄호를 사용했을까?'라고 말하며 방향이 전환된 이후에 다시 이전 내용에 초점을 맞춘다.
- '방금 내가 뭐라고 말했니, 쇼나(Shona)?'라고 질문하며 학생의 행동을 조정한다.
- 논의의 수준을 암시해 주기 위해 '이 책상의 폭은 얼마지?' 그리고 '이 책상의 폭이 얼마인지 어떻게 알 수 있을까?'와 같은 질문과

'세 각이 있는 이러한 도형의 이름은?' 그리고 '우리가 찾은 도형의 이름을 뭐라고 할까?'와 같이 질문에 차이를 둔다.

때때로 질문은 그 안에 주장을 숨기고 있다.

'무슨 일을 **한** 거죠?'의 의미는 '당신은 뭔가 잘못했습니다.'

한편, 주장은 때때로 질문이 되기도 한다.

'당신은 다른 무언가를 알고 있다.'는 '당신은 내가 알고 있는 것과 다른 무언가를 알고 있다. 당신이 더 알고 있는 것은 무엇인가?'라는 의미이다.

다음과 같이 에인리(Ainley, 1987)가 말한 빈칸채우기식의 질문도 있다.

'네 개의 면으로 이루어진 입체는 …라 불리고', 또는 '이 줄자는 …을 측정한다.'

이때, 학습자는 누락된 단어를 채워야 한다.

수학 수업에서 교사가 학습자의 올바른 응답에 초점을 맞추어 주의를 기울여야 한다는 것은 매우 중요하다. 그러나 만약 교사가 올바른 응답을 얻는 것에만 초점을 둔다면, 학습자가 가설을 세우고 자신의 내재적 힘을 사용하여 새로운 생각을 하게 하는 환경은 만들지 못하고, '교사가 원하는 답을 말해야 한다.'는 환경이 만들어지기 쉽다. 이와 유사하게, 학습자를 '이해'(Tahta, 1991) 시키기 위한 노력이 교사의 주의와 에너지를 잘못 유도할 수 있다. 교사는 학습자가 도움이 필요하다고 느낄 때 기뻐한다. 그러나 지나친 중재는 학습자를 교사에게 의존하게 하고, 정작 학습자들이 학습과 멀어지게 한다. 적절한 목표를 설정하는 것과 적절한 시기의 중재는 학습자가 타성에 젖지 않도록 할 수 있다. 반면, 교사의 지나친 중재는 반대 효과를 양산할 수 있다.

교사는 다양한 의도를 가지고 말을 한다. 교사의 말은 수업의 실행과 같은 큰 맥락뿐만 아니라 수학적 아이디어의 표현과 같이 국소적이고 상세한 것을 고려하며 일어난다. 또한 수학적 원리와 교육의 본성과 같이 포괄적인 요소를 고려하기도 한다. 비록 교사가 자신의 말이 학생들에게 어떻게 해석되는지 알아차리지 못하거나, 혹은 학습자가 가정하는 것과 완전히 대조되는 신념을 갖고 있다고 하더라도 교사의 코멘트나 질문으로부터 학습자는 수학의 본성과 그것이 어떻게 추구되어야 하는지에 대한 관점을 형성할 것이다. 학습자는 학습자를 통제하려는 의도가 담긴 교사의 질문을 잘못 해석할 수 있고, 역으로 수업을 부드럽고 효과적으로 진행하려는 컨트롤의 정도를 알아차리지 못할 수도 있다.

교사가 수업에서 하는 질문하기, 말하기, 듣기는 학습자의 삶에서 중요한 역할을 한다. 표면적으로는 질문하고, 말하고 듣기를 구분하는 것이 교사와 학습자가 하는 일이지만, 교사가 (그리고 실제로 학습자가) 실제로 의도하는 것이 무엇인지를 더 깊게 조사하는 것은 유용하다. 예를 들면 다음과 같다.

- 학습자가 생각하는 것이 무엇인지 알아내거나 학습자의 주의를 끌려고 할 때, 교사는 질문하는 스스로를 발견한다.
- 교사가 스스로의 생각에 집중하고 있을 때, 교사는 **말하는 것에** 휘말리기 쉽다.
- 학습자가 생각하고 있는 것이 무엇인지에 대해 주의를 기울일 때, 교사는 **들으려는** 경향이 있다.

상황이 적절하게 구조화되어 있을 때에만 사람들에게 질문하기나 말하기가 실제로 생산적일 수 있다. 이것의 의미가 이 장 나머지 부분의 주제이다.

5.2 질문하기와 촉진하기

학생들은 학교에 있는 내내 교사로부터 질문을 받게 되지만, 모든 학생들이 그 질문의 진가를 알아차리는 것은 아니다. 다음 학습자 말을 생각해 보자.

> '나는 질문받는 것이 싫어. 내가 알지 못한다고 무식해 보이는 것이 싫어.'
> '나는 열심히 시도했지만, 질문에 바르게 답할 수 없었어. 내가 한 노력은 가치가 없었어.'

그러면 교사의 질문이 진짜 질문하기가 되는 경우는 언제일까?

연구자들은 다양한 질문의 형태를 설명해왔다. 이 절에서는 교사가 하는 세 가지 유형의 질문에 대해 생각해 볼 것이다. 질문으로 초점 맞추기focusing questions, 질문으로 연습하기rehearsing questions, 질문으로 탐구하기enquiring questions가 그것이다. 이 세 가지 유형은 앞으로의 연구에 유용한 틀을 제공한다. 그리고 이 세 가지 유형은 에인리(1987)의 연구를 기반으로 하고 있다. 각각의 영역은 말로 뱉어내는 차이뿐만 아니라 교사의 의도와 관련된다. 이러한 의도는 학습자의 응답과 그 응답에 대한 교사의 반응으로만 알 수 있다.

이 절은 수학적 사고를 증진시키고, 수학자가 생각하고 행동하는 방법을 포함하는 질문과 촉진의 방법에 초점을 맞춘다.

질문으로 초점 맞추기

수업 중 교사는 학습자에게 어떤 일이 일어나고 있는지 '볼 수' 있다. 예를 들면

- 학습자는 1, 4, 9, …와 같은 수열을 만들어 낸다. 그러나 학습자는 수열이 제곱수 패턴임을 발견하지 못할지도 모른다.
- 학습자는 키를 측정하려고 하고, 명료화 하기 위해 노력 중이며, 그들의 결과를 기록한다. 그러나 그 활동이 이전의 소수 학습과 연결되어 있다는 것은 교사에게만 명확하다.
- 교사에게는 학습자가 해야 할 계산이 명확해 보이지만 학습자는 정확하게 측정하는 데만 몰입하여 정작 자신들이 어떤 계산을 해야 하는지 모를 수 있다.
- 학습자는 다이어그램의 다른 부분을 언급하려고 시도하고, 교사는 학습자가 다이어그램보다 표기와 그것을 더 쉽게 하는 표기 체계를 생성한다면 학습에 도움이 될 것이라 생각한다.

만약 학습자가 자신을 도울 수 있는 것이 무엇인지 인식한다면, 교사도 학생을 도울 수 있는 것이 무엇인지 인식한다. 교사는 도울 수 있는 가능성을 알아차리면, 그것을 언급하려는 욕구가 생긴다. 말하는 것은 주의를 끄는 가장 좋은 방법이다. 그러나 이것은 메리 불(Mary Boole)이 '교사의 욕망'이라 말한, 말하려는 욕구의 결과이다.

교사의 말은 설명이나 제안보다는 질문하기로 나타난다. 이러한 질문, **초점 질문**은 학습자가 생각을 발전시킬 수 있도록 어떠한 특징에 학습자가 주의를 기울이도록 만들어진다.

처음에 학습자가 인식하고 있지 않은 것을 환기시키는 질문을 할 때, 교사는 종종 초점 질문을 한다. 앞에서 언급한 1, 4, 9, …와 같은 제곱수의 수열에서, 교사는 수열의 패턴을 보고 있지만 학습자는 그것을 보지 못하는 상황을 생각해 보자. 학습자가 질문에 대하여 응답하지 못하면 그 후에 또 다른 질문을 한다.

1. '패턴을 찾을 수 있나요?'

2. '이것과 저것의 같은 점은 무엇이고, 다른 점은 무엇인가요, 만약 다르다면 무엇이 다른가요?'(교사는 각각의 항들을 가리킨다.)
3. '이것과 저것 사이의 관련성은 무엇인가요?'(교사는 다시 그 항들은 가리킨다.)
4. (교사는 서로 다른 3, 5, 7, …을 주어진 1, 4, 9, … 사이에 적는다.) '수열을 찾을 수 있나요?'
5. '이 수들은 계속 홀수가 나올까요? 항상 제곱수가 될까요?'

바우에르스펠트(Bauersfeld, 1988)은 이와 같이 연속된 질문을 **깔때기 효과** funnel effect라고 불렀다. 학습자가 대답하는 것을 지체할때, 교사는 질문을 더 정밀하게 하고, 학습자가 확실하게 답할 것을 묻는다. 홀트(1964, pp. 24-25)는 교사가 잘 다듬어서 질문하고, 학습자는 답하는데 더 이상 위험 부담이 없는 간단한 질문이 될 때까지 거의 말하지 않는 전략을 가지고 있다는 것을 깨달았다. 이러한 상황들은 교사가 학습자가 알기를/보기를/말하기를 원하는 것이 무엇인지 날카로운 감각을 가지고 있을 때 발생하고, 깔때기 속으로 빨려들어 간다. 틀에 박힌 질문의 패턴, 충분하고 진정한 사고 없는 질문하기는 교사가 점점 더 일정한 질문에 집중하는 단조로운 환경을 만들 수 있다.

깔대기 질문 그 자체로는 좋지도 나쁘지도 않다. 이러한 질문의 가치는 교사와 학습자의 생각에 의존한다. 만약 교사가 어떤 가치있는 것이 발생했다고 믿거나 또는 학습자가 산만하지 않고 더 상세하거나 명확해지는 질문을 기다린다면, 그 상호작용은 시간을 낭비하는 것이 되기 쉽다. 하지만 만약 학습자가 관련된 생각을 시도하는 데 어려움을 겪는다면 깔때기 효과는 그들의 주의를 예상 밖의 것이나 익숙하지 않은 것에 집중할 수 있도록 돕고, 그 상호작용은 효과적일 수 있다. 결과적으로, 깔때기 질문은 모두 같은 목적을 가지고 있다. 즉, 학습자에게 교사가 보고 있는 것을 볼 수 있도록 하는 것이다. 교사는 학습자의 주의를 집중시키는 도구로 질문을 사용한다.

깔대기 질문법은 교사가 학생과 상호작용하는 가운데 중심이 되는 그것을 학생의 마음에 의미 있게 전달할 수 있는 방법에 따라 그 가치가 달라진다. 그리고 나의 마음속에서 '무엇인지 추측하기'로 인해 도출되는 것이 무엇인지 인식할 수 있게 된다. 이것은 교사에게 잠시 멈춰서서 깔대기 질문을 하고, 계속할 것인지 아니면 뒤로 돌아갈 것인지 또는 학습자에게 초점을 맞출 수 있도록 더 지시를 할 것인지 선택의 기회를 제공한다. 교사는 대안적인 행동을 취할 수 있다. 교사가 할 수 있는 몇 가지 대안적인 질문과 사용되는 자극의 예를 들면 '머릿속으로 혼자서 수열을 말해보세요, 또는 크게 말해보세요.'라고 말할 수 있다.

질문으로 초점맞추기는 종종 비고츠키의 근접발달 영역에서 일어나는 상호작용에서 발생한다. 예를 들면, 학습자가 도전적인 과제를 하고 있을 때, 교사가 학습자가 주요 목적을 유지하는 노력을 지원하면서 그들이 상세한 것까지 주의를 기울일 수 있도록 해도 좋다. 다양한 관점에서, 교사는 학습자가 상세한 것까지 알아내고, 광역적인 특징까지 주의를 기울일 수 있도록 하는 것을 원할지도 모른다. 이를 위해서 '질문이 무엇입니까?' 또는 '지금 시도하려고 하는 것이 무엇입니까?' 또는 '이 계산으로 원하는 답을 얻을 수 있을까요?'와 같은 질문을 사용할 수 있다. 교사는 학습자가 하고 있는 것이 무엇인지 알 수 있는 종류의 질문들을 사용하여, 교사와 학습자가 재초점을 맞출 수 있도록 할지도 모른다.

이러한 질문은 수학 내적인 감시가 작용하는 방법을 보여준다. 전문가들은 계산을 하면서 내적 감시가 비교적 잘 계발되어 있어 스스로 '이 계산이 맞는가?'라는 질문을 스스로 하는 것을 발견할 수 있다. 반대로 초심자는 계산에 깊이 몰입되어, 지속적으로 계산하려고 노력하지만 더 깊이 궁지 속으로 빠질 수도 있다. 초심자는 어떠한 내적 감시장치도 작동하지 않아, 계산을 멈추지도, 계산한 것들을 뒤돌아보는 것도, 전체적인 그림을 그리는 것도 못한다. 비고츠키는 이러한 감시장치를 개발할 수 있는 것은 이미 감시장치가 활성화되어 있는 다른 이와의 사회적인 상호작용을 통해서 뿐이라 확신했다.

초점 맞추기는 교사와 학생 쌍 방향의 활동이다. 교사는 전문가로서 학습자가 보지 못하는 연결고리와 상세한 사항과 과정들을 인식하기 쉽다. 그러나 학습자는 초점질문에 익숙하기 때문에 종종 질문들의 다른 특징들을 인식하고, 교사에게 자신의 생각을 감추게 된다. 교사는 학습자가 주의를 기울이고 있는 것이 무엇인지 민감하게 행동하여 순간순간 초점질문을 시도해야 한다.

질문으로 연습하기

일반적으로 교사는 질문을 통해 학습자의 지식, 기억, 인식을 시험한다. 예를 들어

'여섯 개의 변으로 둘러싸인 도형은 무엇인가요?'
'각도기를 사용할 때, 기억해야 할 것이 무엇인가요?'
'소수 첫째 자리에서 반올림한 수는 무엇인가요?'

교사는 그 답이 무엇인지 정확하게 알지만 학습자가 답을 **복창**하게 한다. Maths Talk(Mathemtaical Association, 1987)에서 이를 '확인하기'라고 설명하고, 탐색적 질문하기와 구분하였다. 학습자가 머릿속으로 그 단어를 복창하는 것으로 충분할지라도, 교사는 모든 이가 확신할 수 있도록 답을 제시하기를 좋아한다. 불행히도 그 답에 주의를 기울여 대답한 학생에게만 효과적이다! 강의 초반에 교사는 '마지막으로 이 생각을 다시 복창하도록 하는 질문'을 하지만 학습자에게서 나오는 응답은 분명하지 않거나 답을 모르는 결과를 나타내기도 한다.

교사의 질문 중에는 '검토하는' 질문이 높은 비율을 차지한다. 용어와 테크닉을 다시 복기하는 것은 아이디어를 내면화하고 생각을 표현하기 위한 좋은 방법이다. 이것은 단순히 암기한 구절을 반복하는 것과 달리 효과적이다.

에인리(1987)는 이미 답을 알고있는 질문을 하는 것은 유럽의 문화적 현상

임을 지적했다. 호주 원주민 아이들의 문화에서 이미 답을 알고 있는 것을 질문하는 것은 무례한 일이다. 꾸준한 질문 그리고 어린 아이들의 제한된 지식의 확장은 중등 교실 상호작용의 전형적인 패턴이다.

그러나 질문을 하지 않으면서 학습자가 배운 것을 반복하게 하거나 재구조화하도록 자극하기는 어렵다. '다른 사람들에게 크게 말해보라.', '설명해보라.'와 같은 교사의 말에 학습자는 반복하기 위한 기회라기보다는 자신을 테스트하는 질문으로 인식한다. 학습자는 자신의 답을 수정하며, 바른 답으로 가는 기회를 찾기보다는 옳은 답을 얻으려는 것으로 생각을 제한해버린다.

누가 백만장자가 되고 싶은가?, Mastermind[22]와 그와 비슷한 퀴즈가 넓게 퍼져 인기 있는 이유는 사람들이 진실을 캐내는probing 순차적 질문으로 된 도전을 즐긴다는 것이다. 그들에게는 알고 있는 것을 공적으로 다시 듣는 기회이다. 도전적인 질문을 제시하는 것은 교실에서도 가능하다. 그러나 질문이 대부분 학습자를 테스트하는 것이 되기 쉽고, 학습자를 테스트하는 것으로부터 수업이 시작된다. 결국 학습자는 교과 지식을 마주하는 것이 아니라 테스트하는 내용에 집중하게 된다.

질문으로 탐구하기

'본질적', '참' 또는 '진정한' 질문하기라고 불리는 또 다른 질문 형태가 있다. 이러한 질문들은 진정으로 정보를 찾는 질문이다. 이러한 형태의 질문은 다음과 같다.

> '이것을 쓸 때 무엇을 생각했니?' (학습자가 한 것의 일부에 줄을 그어가며 언급하면서)
> '어떻게 그 답을 구할 수 있었니?'

---

22) 역자주: 뛰어난 두뇌로 흔히 범죄가 관련된 복잡한 일을 계획하고 지휘하는 사람

'그 상자에 얼마나 많은 콩이 들어있었는지 기억할 수 있도록 상자 뚜껑 위에 무엇을 올려놓을까?'

이와 같이 교사의 질문으로 정보를 찾아 갈 때, **탐구적** 질문이라 한다. 이런 질문은 학습자가 스스로 탐구하도록 하기 위한 본질적인 행동 모델을 제공하는데 유용하다. 학습자는 가식적인 것을 금세 눈치채기 때문에 교사가 흥미로운 척하면서 하는 질문은 탐구적 질문이 되기 힘들다. 왜냐하면 교사가 학습자가 되어 학습자가 실시한 활동의 수학적 내용에 대하여 진정한 탐구적 관심을 유지하기는 쉽지 않다. 하지만 학습자가 어떻게 생각하고 표현하며, 그들의 관점에서 무엇을 보고 있는지에 대해 진심으로 흥미를 갖는 것은 가능하다. 분명한 것은 학습자에 흥미를 가지고 있는 교사가 탐구적인 자세를 가지게 하기 쉽다는 것이다.

'본질적 질문'이라는 표현은 다소 부적절하다. 왜냐하면 첫 번째, 교실에서의 질문은 교사가 학습자의 이해를 평가하고 추가적인 도움을 제공하는 구조의 일부분이기 때문이다. 더욱이, '본질적'이라는 질문의 표시는 다른 형식의 질문은 거짓이고, 평가절하는 오해의 소지를 내포하고 있다. '본질적'이라는 단어는 가치를 판단할 때 사용되며, 또 모든 질문이 본질적일 수 있고, 그래야만 한다는 사실을 암시하고 있다. 그러나 질문은 단순히 예행연습이나 주의를 집중시키기 위해 사용되었다는 이유로 그것이 거짓되거나 덜 본질적인 상태가 되지 않는다.

초점 맞추기, 연습하기, 그리고 탐구하기와 같은 질문하기는 세 가지 유형의 교실에서 나타난다. 특정 형태의 질문이 문제가 되는 경우는 교사와 학습자가 어떠한 종류의 질문이 사용되어야 하는지 잘 알지 못할 때이다. 만약 학습자가 교사의 모든 질문을 자신을 테스트하는 것으로 받아들이는 습관이 있다면, 그 학습자는 반드시 다른 기회를 표현하는 다른 종류의 질문을 받아봐야 한다.

질문으로부터 학습하기

질문이 가진 어려움 중 하나는 질문의 의미가 대부분 교사의 의도보다는 교사가 질문에 사용한 언어에 의해 해석된다는 것이다. 따라서 교사는 자신의 질문이 본질적으로 탐구적일 것이라 생각하지만, 학생들에게는 초점질문이나 예행연습 질문 또는 교실을 통제하는 다른 형식의 질문으로 해석될 수 있다. 예를 들어, 만약 교사가 학습자에게 다음과 같은 질문을 했다고 하자.

'이 그림에서 무엇을 찾았니?', 또는 '…에 대해 유사한 점과 차이점은 무엇이니?'

이 말은 다음과 같이 본질적으로 탐구의 의미를 담으려는 의도를 갖고 있다.

'나는 네가 발견한 것에 관심이 있지만 네가 나에게 말하지 않는 한 난 알 수가 없어.'

그러나 이것은 다음과 같이 해석될 수도 있다.

'여기에 네가 발견해야 하는 무엇인가가 있어. 너는 그것이 무엇인지 알아내서 나에게 말해야 해.'

또는 이것은 특별한 지시사항 없이 주의를 집중시키려는 시도로 보일 수도 있다.

'이것을 보고 어떤 생각이 떠올랐어. 어떤 생각인지 알겠니?'

또는 심지어 시험하려는 의도로 해석될 수도 있다.

'내가 생각한 것을 너도 생각해보라는 거야. 할 수 있겠니?'

이 모든 경우에, 학습자와 교사 모두에게 의도된 상호작용의 종류가 무엇인지에 따라 응답이 달라진다. 교사가 다음 개입을 할 때까지 걸리는 시간의 합으로부터 교사의 의도를 알아챌 수 있다. 만약 학습자에게 탐구하고 추측할 수 있는 시간이 주어지지 않는다면, 학습자는 성찰할 기회가 없다. 한편, 교사가 계속 침묵을 유지한다면, 학습자는 질문의 형식이 아니라 질문의 내용에 주의를 기울일 수 있을 것이다.

교사의 질문하기의 의도는 학습자의 응답에 대한 교사의 반응으로만 나타난다. 다음 네 가지 예로 설명하자.

- 교사는 벽의 벽돌의 패턴을 인식하고, 학습자에게 '저 벽에서 무엇을 발견했니?라고 물었다. 한 학습자는 벽돌의 색깔, 높이에 대답했고, 또 다른 학습자는 벽이 얼마나 오래되었는지 답했다. 그에 대해 교사는 다음과 같이 질문했다. '어떤 패턴이지?' 또는 '얼마나 많은 벽돌이 있다고 생각하니?'와 같은 교사의 반응은 최초의 질문에 분명한 의도가 존재했다는 것을 드러낸다.
- 학습자가 자를 가지고 측정을 하는데 '1'을 시점으로 길이를 측정하고 있다. 교사는 '네가 줄자를 사용할 때, 염두해야 하는 것이 무엇이니?'라고 질문을 하고, 학습자는 '줄자를 움직이지 않고, 그대로 유지하는 것이에요.'라고 응답한다. 그에 대한 교사의 반응은 교사의 질문의 종류가 무엇인지를 드러낼 것이다.
- 중·고등학교 수업에서, 주어진 몇 개의 삼각형에서 세 변의 길이를 재고 세 각의 크기를 찾는 과제가 주어졌다. 코사인법칙을 사용하는 것이 적합하다고 생각하는 교사는 '이것이 sin이 돼야 하니 cos이 돼야 하니?'라고 묻는다. 학습자는 'sin이요.', 'cos이요.', '재봐요!'

라고 한다. 이에 대한 교사의 반응은 초기에 물었던 질문의 특정 의도를 드러낸다.

- 초등학교 수업에서, 학습자는 블록을 추가하면서 마지막 블록을 정확히 두 가지 속성에 맞추면서 배치하는 'Logiblocks'라는 도미노 형태의 게임을 하고 있다. 교사는 학습자가 적절하지 않은 블록을 더하는 것을 보고 '네가 맞추고 싶어하는 것이 무엇이었니?'라고 묻는다. 학습자는 '색상이요.' 또는 '색상이랑 모양이요.' 또는 '직각 같아요.'라고 할지도 모른다. 그 교사가 학습자에게 보이는 응답은 질문의 원래 의도를 나타낸다.

이 네 가지 예에서, 학습자의 응답에 교사는 반응하고, 이 반응은 대부분 처음했던 질문에 숨어있던 매우 유용한 정보를 제공한다. 비슷하게, 교사가 학급에 즉각적인 반응을 요구하는 질문을 할 때, 교사는 학습자의 응답을 듣고 나면 자신이 기대했던 답변의 종류를 깨닫는다.

교사의 질문에 대한 학습자의 응답은 학습자가 그 질문을 어떻게 해석하고 있는지 알려준다. 학습자는 그들이 할 수 있는 일과 대응시켜 질문을 해석할 것이고, 그렇지 않으면 교사로부터 더 큰 도움을 얻을 때까지 아무것도 하려하지 않을 것이다. 물론, 마음에 드는 질문에 달려들어 질문에 응답하는 일은 자연적인 것이다. 때로 이것은 문제가 된다. 교사는 학습자가 마구잡이로 떠오르는 생각으로 질문에 응답하기 전에 한번 더 생각해 보기를 원한다. 때로는 교사의 질문에 마구잡이로 떠오르는 것들이 주어진 조건에서 접근할 수 있는 단순한 방법을 찾게 도울 수도 있지만 그러한 접근은 과제가 더 어려워지면 불가능 하거나 더 어려워질 것이다. 이것이 항상 간단한 예로만 시작하지 않는 이유이다. 3장에서 논의된 바와 같이, 때로는 복잡한 문제로 시작하여 교실에서는 단순화될 수도 있다.

'어떻게 이 계산을 했지?' 또는 '얼마나 많이 서로 다른 방법으로 해결할 수 있지?'와 같은 질문은 선택할 수 있는 것들이 있음을 깨닫지 못한 학습자에게 다양한 방법이 있음을 암시해 줄 수 있다. 예를 들면, 학습자는 각 박스에 6개의 계란을 넣은, 10박스의 계란의 수를 세기 위한 '가장 좋은 연산'에 대한 질문에, 곱셈을 하는 것보다는 더하고 세는 방법을 사용하여 답할지도 모른다. 왜냐하면 이 계산이 그들에게는 '가장 좋은 방법'으로 보이기 때문이다. 비고츠키(1934, 1986)는 어린이와 어른들은 같은 대상을 다르게 인식하고 있다고 설명한다. '… 어린이의 틀은 단어가 제시하는 구체적인 어떤 것을 순수하게 상황적인 것으로 받아들이는 반면, 어른들의 틀은 개념적이다.'(p. 133).

교사들이 사용할 수 있는 넓은 질문의 영역과 즉각적인 조치에 대해서는 지금부터 검토할 것이다.

질문과 촉진시키기

교사는 학습자에게 질문만 하는 것은 아니다. 교사는 학습자의 활동을 동기화하기 위해서 내용을 상기시키거나 지시하거나 촉진시키기 위한 레파토리를 사용한다. 학습자에게 제시되는 질문과 학습을 촉진시키기 위한 교사의 행동은 학습자가 수학을 바라보는 관점에 영향을 미친다. 학습을 촉진시키기 위한 주된 질문 형식이 '연산 하여라' 또는 '어떻게 이렇게 되었는지 누구에게든 설명할 수 있을까?'라면, 학습자는 수학이라는 것은 정확한 답을 얻는 것이 주된 특징이라 생각하게 된다. 이는 수학에 대한 극히 제한적인 관점이며, 창의성과 독창성을 기르는 데 부정적이다. 비록 많은 학습자가 고정된 방법과 결과가 있는 과목에 안정감을 느낄지라도, 결과적으로 창조적으로 생각해야 하는 상황에서 떠오르는 생각들 사이의 연결을 만들어야 하는 때에 적절하게 대처할 수 없게 된다.

수학자가 그들 스스로에게 하는 수많은 종류의 질문들이 있다. 이러한 질문은 '내가 이 결과로 특별한 예를 찾을 수 있을까?' 또는 '이것은 항상 참인가?'

와 같은 것들이다. 다이즐래그(1984)를 따라 왓슨과 메이슨(1998)은 학습자가 수학에 대해 균형잡힌 관점을 획득한다면, 그들은 수학자들과 비슷한 질문을 할 것이라고 제안했다.

왓슨과 메이슨(1998, p. 7)은 수학자들이 수학 문제를 제안하고 해결할 때 적용하는 과정과 행동을 나타내는 단어를 목록화하였다.

예시하기,	비교하기,	역으로 생각하기,	정당화하기,
특화하기,	분류하기,	변경하기,	확인하기,
완성하기,	조직하기,	일반화하기,	납득시키기,
지우기,	바꾸기,	추측하기,	반박하기,
교정하기,	다양화하기,	설명하기	

이러한 단어들은 계산, 해결, 그리기, 측정하기라는 단어와 같이 기술과 관련되기보다는 수학적 사고, 추론 그리고 개념의 이해와 관련되어 있다. 다이즐래그의 설명에 따라 왓슨과 메이슨은 위에서 언급된 과정을 그룹화하였고, 각 그룹에 관련된 전형적인 질문과 자극을 제시하였다.

이 범주의 어떤 것이든 다음 리스트처럼 다양한 수학적 '대상'에 적용될 수 있다.

정의	가정과 문제
사실, 정의, 성질	표현, 표기 그리고 상징화
예와 반례	설명, 정당화, 증명과 추론
기술과 교수	연결, 관련성과 연결성

예를 들면, '변경하기, 다양화하기, 역으로 생각하기, 바꾸기'를 정의하기 영역에 적용하면, 교사는 '정사각형의 정의를 직사각형을 설명하도록 바꿔보세요.'

라고 말할 수 있다. 같은 범주를 기술에 적용한 질문은 '23에 17을 적어도 두 가지 방법으로 곱해보세요.'와 같은 교수의 결과가 나올 수 있다.

예시하기 특화하기	… 에 대한 하나 이상의 예를 들어보자. … 의 한 예를 기술하라.(보이자. 선택하라. 그려보자. 찾아보자. …) … 은 … 의 한 예인가? … 에 대한 예는 무엇인가? … 에 대한 반례를 들어보자. … 에 대한 어떤 특별한 예가 있는가?
완성하기 지우기 교정하기	{성립 / 확신 / 반박} 하기 위해 {더해야 / 제거해야 / 바꾸어야} 할 것은 무엇인가?
비교하기 분류하기 조직하기	공통점과 차이점은 무엇인가? … 인가 아니면 아닌가? ~에 따라 다음을 분류하거나 조직하여라.
변경하기 다양화하기 역으로 생각하기 바꾸기	주어진 제약에 대해 … 를 바꾸어라. 만약 … 라면? 두 가지 또는 그 이상 방법으로 … 해보아라. 어느 방법이 가장 빠르고, 쉬운 것인가? 만일 이것이 질문에 대한 답이라면, 질문은 무엇인가? 필요한 효과를 보이기 위해 어떤 것을 변경하여라.
일반화하기 추측하기	일반적으로 어떤 현상이 일어나는가? 이것은 무엇의 특별한 경우인가? 항상, 때때로 … 한가? 절대로 일어나지 않는가?
설명하기 정당화하기 확인하기 납득시키기 반박하기	왜 그런지 설명하여라. … 에 어떻게 사용되는가? … 의 역할 또는 사용을 설명하여라. … 사용하거나 또는 사용하지 않고 …의 이유를 들어라. … 에 대해 어떻게 확신하는가? … 에 대해 설득시켜보아라. … 에 대해 무엇이 잘못되었는지 말해보아라. … 는 항상 거짓인가? 항상 참인가?

물론, 이러한 접근이 학습자에게서 수학자들의 수학적 사고를 자동적으로 이끌어 내는 것은 아니다. 이 목록은 교사들이 자신의 경험과 연결시키거나 교실 활동과 통합시킬 때까지는 사용되지 않는다. 단지 교사들이 학습자가 수학적 사고를 경험할 수 있도록 도울 때 사용할 수 있다.

5.3 말하기, 토론, 주의해서 듣기

말하기가 진정한 '말하기'일 때

만일 어떤 도형을 k배하면, 도형의 둘레는 k배이며, 넓이는 k^2배이다.

이 문장은 정규 수업의 일부분일 수 있다. 이는 학습자의 제안에 의한 추측이거나 학습자 또는 교사의 추측을 교사가 반복해 말함으로써 앞으로 탐구할 추측일 수 있다. 이와 달리 이 문장은 일련의 활동에서 마지막 발견의 요약일 수 있다. 다시 말해, 문장이 어떻게 해석되는 가는 그것의 맥락과 청자의 기대에 의해 결정된다.

일반적으로, 문장은 말하기의 한 예로 볼 수 있다. 특히 1980년대에 말하기는 학습자의 상호작용의 형태로 좋은 인상을 주지 못했다. **말하기**는 연구에 따르면 모둠 활동과 학습자의 경험은 설명에 대한 혐오감으로 등장하였다. 이러한 적대감은 아마도 수업 시간에 앉아만 있고 교사는 끊임없이 설명만 했던 기억에 의해 비롯되었을 것이다. 그러나 2001년에 HMI는 수학 수업 시간의 70%는 말하기가 포함된다는 것을 밝혔다. 말하기가 한 사람에게서 다른 사람에게 이미 알고 있는 지식과 기술을 전달하거나 학습자에게 강요하는 도구로 사용될 때,

비난받아 마땅하다. 그럼에도 불구하고 말하기가 적절하고 효과적일뿐 아니라 정보를 제공하는 데 필수 불가결한 상황도 많다. 학습자가 칠판에서 정보를 얻을 준비가 되어있는지 그리고 그들이 듣고 있는 것을 스스로 재구성할 위치에 있는지 확인하기 위해서는 주의가 필요하다. 콥(Cobb, 1988)은 스펙트럼의 한쪽 끝에 있는 '과제부여에 의한 교수법'과 다른 쪽 끝의 '협상에 의한 교수법'을 동일시하였다. 이 둘의 중간 부분에 '말하기를 통한 교수법'을 찾을 수 있다. 말하기를 통한 교수법은 학습자가 주의 깊게 들을 준비가 되어 있어야 한다. 학습자는 협상과 토론을 포함한 활동 방법과 수학적 실행practies의 문화화를 통해 주의 깊게 듣는 것을 배운다.

사람들이 듣는 방식은 여러 가지이다. 사실, 에인리(1987)에 따르면 화자의 흥미와 관심과 이어지는 수업의 진행 절차에 관한 것들을 사람들에게 이야기 할 때 서술문으로 시작하거나 의문문으로 시작하거나 그 역할은 마찬가지이다. 비록 중요한 소통이 문자 그대로의 의미가 아니라 베르네(1964)가 '쓰다듬기stroking'라 불렀던 것과 같은 관심의 교환이더라도, 사람들은 항상 서로의 일을 말한다. 쓰다듬기의 예로 '좋은 아침', '잘 지내?', '고마워'와 같이 개인 상호 작용의 톱니바퀴가 서로 원활히 돌아가게 하는 의례적인 인사를 들 수 있다. 의사소통은 쓰다듬기와 같은 교환이 없으면 더 어렵다.

말하기가 암묵적인 또는 명시적 요청에 대한 응답이라는 사회적 설정들을 찾을 수 있다. 예들 들면,

- 버스나 기차 시간을 알기 위해 또는 TV 프로그램이 방송 될 때 연속된 질문이나 편향되지 않은 정보를 원한다.
- 새로운 장치의 사용법을 알기 원할 때, 사용설명서의 유일한 내용이 '스스로 알아보기'인 것은 위험할 뿐 아니라 유용하지 않다.
- 어떤 주제에 대하여 누군가의 생각을 알기 원할 때, 연속된 질문은 효과적이지 않다.

- 강의에서 무엇을 말해야 할지, 듣기 위해 참석자가 무엇을 생각하는지 전체 집단을 소집단으로 나누어 토론하는 것은 좋지 않다. —강의에 참석하겠다고 선택한 것은 이미 듣고자 하는 소망을 반영하기 때문이다.

학교에서 교사가 학습자들이 배울 수 있도록 유도할 때, 말하기가 효과적인지 아니면 말하지 않기가 더 효과적인지 분명하지 않다. 복잡한 계산을 하는 가운데 '8분의 7'이라는 답이 필요하지만 일시적으로 잊은 경우, 원하는 대답은 그것을 해결하도록 하는 것이 아니다. 그러나 그것이 학생에게 가장 효과적인 것인가? 물론, 규칙은 없다. '그들이 스스로 해결할 수 있는 것은 절대 말하지 말라.' 또는 '성인으로 그들을 대하라 - 학생들이 직접 질문하면 답을 해주어라.'와 같은 원칙들은 한 측면을 지나지게 강조하는 경향이 있다.

말하기가 바람직한 사회적 상황의 일반적 특징은 누군가 무언가를 알기 원한다는 것이다. 불행하게도, 이는 교실에서 항상 일어나는 상황은 아니다. 학습자가 항상 무언가 알기 원하는 것은 아니다. 때때로 학습자는 질문이 지나가거나 피해가길 원한다. 그러나 말하기는 흥미를 자극하며, 학습자에게 놀라움이나 모순을 일으키는 활동을 장려할 수 있다. 그 결과, 학습자는 학습하길 원하며 창의성을 발휘할 것이다.

사람들이 무엇인가 말하거나 듣기 원하는 것은 자연스러운 현상이다. 한사람의 인생에서 스스로 모든 것을 발견하는 것은 불가능하기 때문에 사람들은 타인에게 배우려고 한다. 다른 사람들에게 무엇인가 '말하는 것'은 두 가지 어려움이 있다. 그 한 가지는 이미 언급한대로, 청자가 그들이 들은 것을 안다고 가정하는 것이다. 이러한 가정이 교사와 학생사이에서 일반적으로 일어나는 일이라는 많은 증거가 있다.

'만일 내가 당신에게 한번 말했다면, 나는 수백 번 이야기한 것이다.'
'당신은 지난번(주, 달, 분기, 해…)에 들었다.'

학습자가 말하거나 행동하는 것을 보면 다음 말을 믿는 것처럼 보인다.

'한번 더 말해줘. 그러면 이해할 것 같아.'

말하기에 있어서 또 다른 문제는 사람들이 스스로 막 발견하려는 것을 들을 수도 있다는 것이다. 이로 인해 말하기는 발견의 기쁨을 뺐음으로써 생산적인 사고를 막거나 의지를 꺾게 된다. 불(Tahta, 1972, p. 11)은 교사가 타인에게 설명하고자 하는 욕구인 **교사의 욕망**에 주목하였다. 일반적으로, 설명하고자 하는 욕구는 긍정적일 수 있다. 예를 들어, 학습자가 그 관찰을 통해 무언가 알게 되면 그것을 누군가에게 말하고 싶어진다. 이 경우 많이 배운 사람은 청자가 아닌 설명자가 된다. 그러나 교사의 욕망은 설명하고자 하는 욕구의 부정적인 표현이다. 교사의 설명하고자 하는 욕구는 스스로 무언가 발견하기 위해 잠시 멈추어 있는 학습자에게 교사가 설명하고자 하는 충동을 느낄 때 발생한다. 그러므로 아직 스스로 무엇인가를 할 수 없는 학습자를 위해 교사가 시도하는 개념이다. 이것은 근접발달영역에 대한 비고츠키 개념과 비계설정과 교수 지원 줄이기에 대한 사고의 또 다른 방법이다(4장).

사람들이 들은 것을 안다고 가정하는 것이 현명하지 않다면, 왜 그렇게 말하지 않을까? 교사들이 말하지 않으려는 것은 학습자와 상호작용하는 주된 방법으로써 말하기에 의존하는 것만큼 뜻대로 되지 않는다. 학습자들은 여전히 모르고 있기 때문에 배경지식을 말해주지 않는 것은 도움이 되지 않는다. 이는 말하기가 사기저하나 방해 가능성이 있다는 생각에 모순된다. 이렇듯 말하기가 비효율적이라면, 말하기로 인해 사람들을 방해하거나 사기를 저하시키는 것은 가능하지 않을 것이다!

학습은 교사가 말하는 것과 학습자가 배우는 것 사이의 단순한 인과관계보다 훨씬 더 복잡한 과정이다. 학습자는 그들이 받아들이고 들은 것들을 연결시킬 수 있으며 받아들인 것과 동화할 수 있으나 아직 스스로 빠르게 해결할 수 없을 때, 말해주면 더욱 이해하기 쉽다. 만일 학습자가 들은 것을 받아들이지 않는다면, 이해했을 가능성은 더 희박하다. 학습자의 어머니의 말을 들어보자.

> 'P가 그 때는 매우 어리석었어요. P는 분수를 더하는 모든 유형의 복잡한 계산을 분모는 분모끼리, 분자는 분자끼리 더했어요.'

이 학습자는 아마 교사가 알고리즘을 설명할 때 그 자리에 있지 않았을 것이다. 자를 사용하는데 자신이 없는 학습자는 '항상 1부터 세기 시작하기 때문에' '1' 표시에 자를 놓고 시작하기도 한다.

말하기가 성공적이려면 학습자의 흥미를 불러일으키거나 학습자의 인식을 증진시키기 위해 적절히 준비된 토대가 필요하다. 만일 학습자가 효과적으로 듣고 있다면 문제가 주어져 있거나 또는 학습자를 적극적으로 참여하게 하는 무엇인가가 있다. 학습자를 현재 이해의 경계로 밀기 위해, 교사의 설명은 학습자의 경험과 관련되거나 자신감을 불러일으키는 것이어야 한다.

몹소비츠-하다르(Movshovits-Hadar, 1988)는 학습자가 가장 단순한 수학적 사실에도 놀라운 경험을 할 수 있으며, 교사 스스로 열정적으로 다시 말함으로써 학습자를 흥분시킬 수 있는 가능성이 있다고 제안했다. 신비하거나 흥미있는 상태로 빠져들거나 문제 또는 아이디어를 해결한 놀라움을 재검토함으로써 교사는 학습자와 같은 놀라움을 경험할 수 있다.

토론이 진정으로 도움이 될 때

수업에서 대부분 교사들이 질문하기 때문에, 일반적으로 학습자는 교사에게 답한다. 이와 관련된 문제는 많은 학습자가 교사의 말은 열심히 경청하나 동료 학습자들의 말은 무시한다는 것이다. 건설적인 대화를 촉진하여 학습자가 교사와 함께하던 그렇지 않던 생산적으로 학습할 수 있도록 하기 위해 학습자는 주의해서 들으며 토론하는 훈련시간을 갖는 것이 필요하다.

수업 보고서에는 '우리가 토론한 것은…….'을 자주 포함한다. 그러나 이와 같은 수업 관찰에서 교사가 학습자에게 적게 말하고 또한 대부분 간결한 답이 나올 수 있는 질문을 적게 한다는 것이 드러날 것이다. 이러한 종류의 '토론'은 실제 가능한 토론을 흉내내는 것이다.

수학적 토론

실제로 수학이 '토론'이란 일반적인 의미가 될 수 있는가? 어떻게 수학에 대해 의견을 가질 수 있을까? 만일 토론을 개인의 아이디어를 표현하고 아이디어를 표현함으로써 더 나은 이해를 하는 상호작용의 방법으로 본다면, 수학적 토론은 가능하다. 수학적 토론은 학습자가 자신의 아이디어로부터 스스로 거리를 두며, 스스로의 통찰력을 명확하게 하고, 자신의 아이디어와 직관을 비판적으로 조사하며, 타인의 제안에 의해 지지받은 것을 수정할 수 있는 기회를 제공한다. 이 과정에서 교사가 항상 존재할 필요는 없다. 수학적 토론에 대한 최근 연구들은 컴퓨터를 사용하여 토론을 촉진하고 있다(Healy and Hoyles, 2000). 이로 인해 교사 없이도 학습이 자리 잡을 수 있다.

이 거리두기를 달성하기 위해, 학습자는 자신의 생각을 표현하기 위해 노력하고 다른 사람의 생각을 듣고 배울 필요가 있다. 학습자는 추측하는 분위기에 익숙해져야 할 것이다. 이것은 교사가 주의 깊게 다른 친구들의 말을 듣고 숙지하며 자신이 생각한 것을 말하도록 훈련시킴으로써 가능하다. 학습자의 말은 이해가능하며 다른 사람들이 듣기에 충분히 명확해야 한다. 또한 교사는 무엇을 하고 있는지에 대한 확신을 가지고 학습자에게 자신감을 심어주어야 한다.

학습자가 토론 기술을 경험하고 자신의 생각을 기꺼이 말할 때까지, 단순히 질문만을 함으로써 토론하기는 어렵다. 떠오르는 아이디어를 미리 생각하지 않고 자유롭게 토론에 임하는 것보다 학습자가 집중하는 주제나 상황 또는 주장을 가지고 토론에 임하는 것이 유용하다. 교사는 학습자가 사용할 가능성이 있는 언어 패턴에 적응하고 학습자의 경험을 말하도록 촉진시키는 이미지와 인식에 민감해야 한다. 만일 교사가 토론할 것을 미리 결정한다면, 수업은 단지 질문과 답변으로 이루어질 위험이 있다. 교사는 준비된 수업과 즉흥적 수업 사이에 적절한 균형을 이루어야 한다.

피르와 슈바르첸베르거(Pirie & Schwarzenberger, 1988, p. 461)는 수학적 토론이 가능한 목록을 다음과 같이 설정하였다.

- **목적 있는 대화여야 한다.** 즉, 모든 참여자가 알지 못하더라도 잘 정의된 목표가 있어야 한다. 이러한 목표는 그룹 또는 교사에 의해 설정되었을 수도 있다. 그러나 그 목표는 전체 그룹에 의해 암묵적 또는 명시적으로 받아들여져야 한다.
- **수학 주제여야 한다.** 즉, 목표 자체 또는 대화 과정 중에 나타난 목표는 수학 내용이나 과정의 관점에서 표현되어야 한다.
- **진정한 학습자 참여가 있어야 한다.** 즉, 진행될 토론이나 생각의 발전에 도움이 되는 일부 학습자의 개입이 있어야 한다. 여기서 강조하는 것은 교사 질문에 대한 사실적인 답변과 같은 단순한 수동적인 반응이 아니라 토론이 가능하도록 새로운 요소를 도입하는 것이다.
- **상호 작용이 있어야 한다.** 즉, 대화의 흐름을 다른 참여자들이 알고 있다는 징후가 있어야 한다. 이것은 그룹 내 학생들의 태도 변화에 의해, 인식을 했다는 언어적 단서에 의해, 또는 비판적인 듣기가 이루어졌다는 것을 보여주는 신체적인 반응에 의해 알 수 있다. 하지만 교사나 다른 학습자의 설명을 듣고 있는 기계적인 반응은 증거가 될 수 없다.

바르톨리니-부시(Bartolini-Bussi, 1990)는 3년 동안 수학 교사와 함께한 연구에서 어떤 세 가지 유형의 수학적 토론을 주제에 대한 활동 이전, 활동 중, 활동 이후로 구분하였다.

- **활동 이전:** 일반적으로 토론에 제시된 과제나 질문을 학습자가 어떻게 인식하는가를 포함한 짧은 토론. 이러한 토론에는 학습자가 사전 준비 과제를 하기 전에 교사가 주제와 관련하여 학습자의 아이디어와 연관된 것을 모두 수집하는 것이 포함된다. 예를 들어, 교사는 π에 대해 또는 물건의 할당량을 자르는 것에 대해 학습자들이 무엇을 알고 있는지 질문할 수 있다. 여기서의 목적은 학습자에게 현재 주제와 관련하여 알고 있는 것을 상기시키는 것이다.
- **활동 중:** 과제를 하거나 제안을 탐구하는 학습자 사이에서 발생하는 토론. 교사가 이러한 유형의 토론을 관리하는 것은 쉬운 일이 아니다. 그 이유는 이러한 토론은 자연 발생적이며, 학습자가 이해할 때 어떤 측면이 중요하며 어떤 측면이 중요하지 않은지 교사가 알기 어렵기 때문이다. 그러나 이러한 토론은 학습자 개인이 의미를 구성할 때 중요한 사회적 역할을 한다. 예를 들어, 많이 말하는 학습자는 잘 듣지 않거나 또는 무엇인가 이해하는 데 열심히 하지 않는 반면에, 거의 말하지 않는 학습자가 많은 것을 이해하는 경우가 종종 있다. 또는 단어를 정확히 사용하는 사람들이 아이디어를 표현할 때 단어를 적용하기보다 머릿속에서만 맴도는 반면에, 단어를 올바르지 않거나 잘못 인식된 방법으로 사용하는 것처럼 보이는 학습자가 실제로는 단어의 의미를 구별할 수도 있다. 머릿속에서 반복함으로써 기술적 용어와 상투적인 표현에 익숙해지며 그러한 용어들의 의미를 이해하게 된다는 것이 중요하다. 비계설정 제거가 중요할 때 비계설정과 비교해 보자.

- **활동 이후:** 성찰하도록 자극하고 주제가 무엇인지 요약하는 '이야기' 형태와 관련된 토론. 수업에서 시간은 종종 적처럼 보이며 피로를 유발하므로 성찰은 생략되기도 한다. 그러나 교사가 성찰을 가치 있다고 여기지 않는 경우 학습자 또한 평가절하 하는 경향이 있을 것이며, 일련의 전체 수업은 크게 훼손될 수 있다.

바르톨리니-부시 교사가 토론에서 상호작용의 **사회자**moderator이며 수학적 아이디어의 **중재자**mediator로 불리는 두 가지 주요 역할을(이렇게 함으로써 교사가 **없을 때**를 학습자들에게 훈련하게 하는) 한다고 하였다. 사회자로서, 교사는 학습자가 듣고 있는 것을 확인하며 관심을 교사로부터 멀어지게 함으로써 학습자들이 서로 주의 깊게 듣고 들은 것을 수정하고 질문하도록 독려한다. 중재자로서, 교사는 전문적인 용어를 사용하고, 더 많은 생각을 요구하나 학습자들이 스스로 발견할 수 없는 예들을 소개한다.

학습자 상호간 아이디어를 토론할 때 교사의 도움이 있든 없든 의견차이나 갈등이 차례로 해결되며 이로 인해 학습이 이루어질 것을 기대할 수 있다. 그러나 토론 자체가 사회적 상호작용이라도 반드시 의견 차이가 드러날 필요는 없으며, 비록 의견 차이가 드러난다 하더라도 의견 차이를 조정하기 위한 도움을 제공할 필요도 없다. 게다가 학습자는 실수를 수정하는 것보다 확인만하거나 — 또는 심지어 새로운 실수를 개발할 수도 있다. 올바른 학습이 이루어지기 위해 교사가 존재해야하는가? 물론 단순히 그룹을 형성해 토론하도록 하는 것보다 나을 것이다(Brissenden, 1980).

벨과 그 동료들은(Bell, 1986; Bell, Brekke and Swan, 1987a, b; Bell and Purdy, 1986) 교사가 토론을 생성하는 유용한 방법으로 과제를 학습자가 문제 푸는 기술을 연습할 때 제공받는 일반적인 연습 문제의 역으로 설정하는 것을 제안하였다. 즉, '2×3은 무엇입니까?' 대신 '답이 6이 되는 질문은 무엇입니까?'로 묻거나 '$\frac{2}{3}+\frac{4}{5}$이 무엇입니까?'라는 질문 대신 '누군가 $\frac{6}{8}$을 답으로 했는데 이는 잘못되었다. 이 사람이 행한 것이 무엇인지 생각해보고 왜 그것이 잘못되었는지 말해봅시다.'라고 할 수 있다. 또한 큰 수부터 순서대로 0.234, 0.56, 0.7을 배열하도록 학습자에게 요구하는 대신, 학습자에게 다음과 같이 질문할 수 있다. '이 질문을 했을 때, 몇몇 사람은 0.234가 0.56보다 작음에도 0.234를 가장 큰 수라고 말했어요. 이 사람들이 이렇게 말한 이유가 무엇일까요?'

각각의 경우에, 학습자의 관심은 어떤 것이 어려운 것인가이다. 토론을 위해 어려운 문제를 제시하고 학습자에게 이에 대해 어떻게 생각하는지 설명할 기회를 주면 학습자는 잘못되거나 불완전한 사고를 스스로 드러내며 거리를 두게 된다. 이러한 기회를 통해 학습자는 자신의 사고를 수정할 수 있다.

수학적 토론을 통해 학습자는 보고 생각한 것을 교사와 친구들에게 표현할 수 있는 기회를 가지게 된다. 그것은 협상의 의미에서 '토론을 위해' 있는 수학적 사실이라기보다는 학습자의 사고-사실을 추가하고 의미를 제공하는 구성 및 아이디어이다. 토론은 학습자가 수학적 아이디어에 대한 자신감과 그 아이디어를 표현하는 데 사용하는 언어를 개발할 수 있도록 개인적으로 그리고 집단적으로 지원하는 방법이다.

듣기가 진정한 가르침이 될 때

> 나는 더 좋은 경청자가 되었습니다. 교사는 기본적으로 다른 사람과 지식을 공유하고 싶은 강한 욕망을 느끼는 화자입니다. 아이들도 다르지 않습니다. 만일 우리가 학생들의 말을 잘 듣기 위해 노력하면, 그렇게 될 것입니다.
>
> 콥, 우드, 야켈(Cobb, Wood and Yackel), 1990, p. 135에서 인용된
> 연구 프로그램에 1년간 참여한 교사의 의견

조작하기 - 감각 획득하기 - 명료하게 표현하기, 행하기 - 말하기 - 기록하기, 비계설정과 교수 지원 줄이기의 모든 틀은 학습자가 간단한 기록을 하기 전에 더욱 명확히 하는 일환으로 자신의 생각을 이야기할 때 학습은 향상된다고 제안한다. 이는 가르칠 때 중요한 것은 주의 깊게 듣기라는 것이다. 학습자는 자신을 표현하려고 애쓰고 노력하는 데에서 깨달음을 얻으며 또한 스스로 들은 것과 다른 사람들이 말한 것을 바탕으로 그들이 말하고 생각한 것을 수정함으로써 깨달음을 얻는다. 교사가 전문가로서 말하지 않으면 학습자는 자신의 생각을 명확히 하려는 욕구를 갖지 못하고 학습은 듣는 것이라 생각할 것이다.

벨렝키(Belenky)와 동료들은(Belenky 외, 1986) 교육적 상황에서 남성과 여성의 상호작용하는 방법의 차이를 조사하여 상호작용의 주된 특징을 확인하였다. 보는 것은 보는 사람이 뒤에 서서 개관을 분명하게 할 필요가 있으며 듣는 것은 근접성뿐만 아니라 개인적인 관심을 명확히 가져야 한다. 또한 보는 것은 한 사람이 행동하지만 말하기와 듣기는 여러 사람들 사이의 대화 가능성을 암시한다.

주의 깊게 듣는 것은 그냥 듣는 것과 다르다. 식사를 준비하는 동안 라디오를 **들을** 수 있지만 라디오를 **주의 깊게 들을** 때 가끔 무엇을 하고 있는지 잊게 된다. 회의에서 낙서를 끄적거리는 경우, 주의 깊게 듣기도 하고 그냥 듣기도 한다. 주의 깊게 보는 것은 보는 것에 초점을 맞춘 것처럼 주의 깊게 듣는 것은 주의를 집중한다.

교사는 때때로 학습자의 자세와 몸짓 또는 목소리 톤의 미묘한 변화에 의해 주의 깊게 듣고 있는가를 알 수 있다. 약간 앞으로 숙이며 정지해 있는 자세는 전형적으로 집중하고 있는 자세이나 빠르게 움직이며 방해하는 자세가 될 수도 있다. 학습자가 활동하는 동안 교사가 교실을 순환할 때, 교사는 종종 학습자들을 부추기거나 무언가 말하기도 하고, 학습자는 주의를 기울인다. 이것은 교실을 돌며 주의 깊게 들을 때 효과적이다. 단지 말하는 것을 듣는 것이 아니라 학습자들의 자세, 몸짓과 목소리의 톤에 적극적으로 관심을 기울이며 주의 깊게 들을 때 가능하다.

다른 방법보다 교사가 학습자의 말을 들을 때 학습자가 잘 배우게 된다는 것은 가르침의 역설이다. 이것은 주의 깊게 들음으로써, 교사는 어떤 개입이 도움이 될지 발견할 수 있다는 주장으로 설명될 수 있다. 주의 깊게 듣는 교사의 관심 있는 주목은 격려가 되며 학습자가 자신의 애매한 아이디어를 명료하게 말할 수 있도록 독려함으로써 자신의 경험을 통합할 수 있다. 프로이덴탈(1991, p. 551)은 '교육의 힘과 학습의 자유' 사이의 긴장을 '청취하며 가르치기'의 역설로 설명했다.

주의 깊게 듣는 교사는 다른 사람들이 두 가지의 주장을 할 때, 심지어 이 두 주장이 상반되어 협상이 필요할 때에도 그것들을 연결할 수 있다. 반면에, **말하는** 교사는 아이디어를 명확히 하기 위해 해설할 필요가 있다. 그러나 누가할 것인가? 주의 깊게 듣는 교사는 눈썹의 움직임이나 손가락을 튕기는 것을 통해 학습자의 관심을 모을 수 있다. 그러나 말하는 교사는 말로 조정하며 개인적인 통제를 다시 구축할 필요가 있다.

주의 깊게 듣는 것을 통한 가르침은 어렵고 빠른 규칙들을 다루는 것이 아닌 미묘한 문제이다. 물론 주의 깊게 듣는 교사 역시 말을 한다. 그러나 그들이 말한 것은 상황에 더 적절할 가능성이 있으며 학습자가 잘 들을 가능성이 있다. 주의 깊게 듣는 것은 교사에게 학습자의 사고 과정을 알려주는 참된 질문('어떻게 하는 거죠?', '다른 상황에서도 적용될까요?')을 할 수 있게 한다. 이러한 질문은 무엇인가 가치 있는 듣기로 이끌어준다.

데이비스(1996, pp. 47-50)는 **무엇을 들으려고 귀 기울이기**listening for(기대하는 것)와 **무언가에 귀 기울이기**listening to(들리는 것), 그리고 **무엇을 위해 귀 기울이기** listening in order to(반박하기, 첨가하기, 들은 것을 사용하기) 사이의 차이점에 관심을 두었다.

무엇을 들으려고 귀를 기울이는 것은 마음속에 결과를 가지고 듣는 것이다. 그것은 듣기지만 다른 형태의 주의를 포함하는 무언가에 귀를 기울이는 것처럼 교실에서 중요한 것은 아니다.

당신은 누군가가 말하는 소리를 들을 수 있으며, 단어를 나열함으로써 말한 **무엇인가에 귀를 기울이는 것을** 할 수 있다. 또한 사람과 단어들을 둘러싼 **무엇인가에 귀를 기울이는 것도** 할 수 있다. 이로 인해 경험의 세계에 접근하며 **무엇인가에 귀를 기울이는 것은** 적극적인 관심을 보이는 행동이다.

학습자는 자신이 듣고 있는지 그렇지 않은지 여부를 파악할 수 있다. 진실로 무엇인가에 귀를 기울이는 것은 생기를 줄 수 있는 반면 주변에 귀를 기울이는 것이 낙담시킬 수 있다. 듣고자 하는 학습자들에게 가장 중요한 것은 행동으로 참여하는 것이다. 학습자는 마음을 흐트러뜨리는 생각과 혼란으로 인한 불확실성을 명확하게 하려 한다. 이것은 학습이라고 하는 복잡한 작업의 중요한 부분이다. 격언에도 있듯이 '가르칠 때 진정으로 배운다.' 자신을 표현하기 위해 새롭게 알게 된 기호와 전문적인 용어들을 사용함으로써, 학습자는 기호와 용어를 자신의 기능에 통합하고, 동시에 미래에 알 수 있도록 능력을 향상시킨다. 마찬가지로, 이 과정에서 터득한 경험을 통한 통찰력을 자신과 동료에게 표현하는 것은 앞으로의 행동이 더 풍부해질 것이라는 것을 알려준다.

주의 깊게 듣기에 대한 데이비스의 세 번째 유형인, **무엇을 위해 귀를 기울이기**는 대화가 될 수 있다. 대화는 발언이나 주장의 나열 이상이다. 두 명 이상이 서로 참여하여 일반적인 주제나 이슈를 전달하는 실제 회의가 대화가 될 수 있다. 대화는 학습과 관련된 인식을 변형한다. 가다머(1990)는 효과적인 대화의 방법으로 각 참여자들이 가지고 온 주제를 함께 이야기하고 학습하도록 하였고, 비고츠키가 언급한 중재자의 역할로써 문화적 도구라는 일반적인 개념을 반영하였다. 상호작용은 앞으로 기울거나, 뒤로 기대거나, 격앙되거나, 침착한 것과 같은 참가자들의 신체적 움직임에도 반영된다.

데이비스는 대화의 결합 측면을 강조하기 위해 철학자 메를로퐁티(Merleau-Ponty)와 가다머(Gadamer)를 인용했다.

> 우리는 대화에 **참여하여** ……. [우리가] 대화를 통한 화합으로 더 큰 통찰과 깊은 이해를 할 수 있고, 심지어 연설자의 의식적인 의도를 파악할 수 있다. 데이비스, 1996, p. 41

가르칠 때 듣기의 중요성을 과장하는 것은 어려운 일이다. 데이비스는 다음과 같이 말하였다.

> 알려진 것에 대한 확신과 알 수 없는 것에 대한 불확실성 사이의 어딘가에서 일어나는 주의 깊게 듣는 행동은 교육 프로젝트와 비슷하다. 결국 확실하지 않을 때 주의깊게 듣기를 강요한다. 주의 깊게 듣기는 학습이 변형된 공간에 항상 존재하고 이미 존재하고 있다.
>
> 데이비스, 1996, p. xxiv

학습자가 추측을 표현할 수 있는 조건을 형성하고자 하는 교사는 학습자에게 귀를 기울임으로써 달성할 수 있다. 교사가 주의 깊게 듣고 신뢰할 만한 의견을 줄 때('…에 대해 생각한 것이죠?', '비슷한 상황에서 지난 주에 무엇을 했죠?'), 학습자는 스스로 할 수 있는 것 이상으로 성취하고, 교사는 성찰하는 동안 형성되어 미래의 활동이 될 수 있는 공유된 경험을 제공한다.

요약

이 장에서는 활동을 지지하는 상호작용에 대해 대부분 논했으며, 이에 대해 더 많은 것들을 논할 수 있다. 질문을 하는 것은 생산적일 수 있다. 이때, 수학적인 기초가 있는 질문, 어떤 종류의 질문인지 분명한 질문일 때, 생산적이다. 사람들에게 무엇인가 말하는 것은 전적으로 자연스러운 일이며, 자신과 관련된 활동을 할 때와 같이 주의 깊게 듣는 상황일 때 효과적이다.

질문하고 말하고 듣는 것은 교사와 학습자가 모두 참여할 수 있는 세 가지 기본적인 활동이다. 분명한 질문은 실제적인 수업일 수 있으며 사람들은 그것이 진정한 질문일 때 분명히 답한다. 질문을 하는 것은 생산적일 수 있으나 또한 통제와 의존을 강화할 수 있다. 예를 들어, 말하는 것이 효과적일 수 있으며 비효과적일 수도 있고, 듣는 것이 수동적일 수도 있으며 능동적일 수도 있다.

수학 수업에서 교사와 학습자, 그리고 수학은 모든 교실의 밀리외 내에서 여러 가지 형태로 엮여있다. 주의 깊게 듣는 것에 기반한 설명은 유지하기가 어려운 반면, 상세한 설명은 효과적이지만 끝내기가 어렵다. 모든 형태의 균형을 잘 잡아 활용하는 것은 그 중 하나 또는 둘을 제한적으로 사용하는 것보다 훨씬 더 효과적이다.

06

수학의 진전

Progression in Mathematics

앞장에서 논점은 수학 주제에서 과제로, 활동으로, 마지막에는 상호작용으로 이어졌다. 이 장에서는 진전의 개념을 고려하여, 한 차시 수업에서, 몇 차시 수업에서, 또는 더 긴 기간 동안 일어나는 개인의 발전을 되돌아 볼 것이다.

진전progression이란 단어는 한 단계에서 다음 단계로 학습자의 수준이 계단을 밟듯이 향상되는 이미지를 주기에 적절치 못하다. 그러나 학습은 동일하지도 않고 단일한 방향성을 지니지도 않는다. 때때로 학습자는 자신이 이해했다고 생각했던 것을 이해하지 못했다는 것을 깨닫는다. 학습자가 누군가에게 과정을 어떻게 수행해야 하는지 말하려고 할 때, 갑자기 자신의 지식이 완벽하지 않고 이해와 이해사이에 간극이 있음을 깨닫는다. 또 컴퓨터 프로그램으로 계산열을 만들려고 할 때, 미처 파악하지 못했던 부분을 발견하기도 한다. 그럼에도 불구하고, 학습자는 **발달하고** 이전에 할 수 없었던 것을 할 수 있으며 새로운 것을 인식한다.

학습자의 관점에서 보면 진전의 가장 분명한 형태는 학습 도식을 통해 발전하는 방법이다. 부분적으로 이것은 학습자가 종종 수학적으로 성숙하지 못하여 방법을 인식하지 못했기 때문이다. 그러나 교사의 관점에서 과제를 완벽하게 수행하는 것으로 학습자의 진전을 보는 것은 매우 제한적이다. 왜냐하면 학습자는 의도했던 수학적 아이디어와 사고를 연결시키지 못하고도 과제를 완벽하게 수행할 수 있기 때문이다. 게다가 과제가 학습자가 도전하기에 적절한 수준이 아니라면 그 과제는 학습자의 사고를 실제로 진전시키지 못할 수도 있다.

학습자에게 충분히 도전적이지 못한 과제는 학습자의 사고를 거의 이끌어내지 못할 것이고, 과하게 도전적인 과제는 학습자가 많은 도움을 필요로 하게 될 것이다. 두 경우 모두 학습자가 과제에 내재되어 있는 수학적 아이디어를 충분히 경험하도록 하기는 쉽지 않다.

또한 교과서 저자나 출판업자들은 학습자(또는 교사)가 과제를 해결하기 위해 무엇을 해야 하는지 알지 못하고 헤매는 것을 걱정하기 때문에 학습자에게 도전적이지 않은 문제만 제공하는 경우가 다반사이다. 그러나 학습자가 도전받지 않는다면, 어떤 학습이 일어나겠는가.

학습에서 진전의 개념은 학습이 발달의 연속이라는 것을 가정한다. 그렇다면 변하는 것은 무엇이고, 발달하는 것은 무엇인가? '그것'은 아마도 학습자의 능력과 기법의 유창함, 학습자의 전략 사용, 수학 주제에 대한 인식, 수학적으로 사고하는 데 스스로의 힘을 사용하는 것들을 포함할 것이다.

이제 여러 연구자들이 진전에 필수적인 학습자의 수학에 대한 이해 측면을 어떻게 생각하는지 살펴보자.

6.1 수학 이해하기

킬패트릭, 스위포드, 핀델(Kilpatrick, Swafford, Findell, 2001)은 수학 교수·학습에 대하여 종합적인 연구 기반 분석을 제공하였다. 그들은 수학에 대한 이해를 다음과 같이 5가지 요소로 특징지었다.

- 개념적 이해
- 절차적 유창성
- 생산적 성향
- 적절한 추론
- 전략적 역량

이들 요소 중 처음 세 개는 인식, 행동, 감정과 관련된다.

개념적 이해는 적절하게 주의를 기울이는 행동을 하도록 과제를 수행하고 활동에 참여함으로써 인식을 가르치는 것을 말한다. 교사는 스스로 다양한 이미지와, 학습자가 통합하기를 원하는 그들의 개념이미지와의 연결을 상기하면서 주제를 선정할 수 있고, 이러한 목적을 달성하도록 하는 학습자의 활동에서 교사가 상호작용하는 방법을 선택할 수 있다.

절차적 유창성은 행동의 훈련 결과이다. 하지만 행동을 훈련하는 것은 그 자체로 유창성의 결핍과 **적절한 추론**의 결핍을 초래한다. 행동은 인식을 교육하는 맥락에서 적절하게 훈련 된다. 이것은 완벽한 수행을 목적으로 수행에 초점을 맞추는 것이 아니라, 새로운 개념을 경험하고 획득하는 수단으로서 최근에 알게 된 개념을 사용하고 연습할 수 있도록 하는 과제가 선택되어야 함을 의미한다.

세 번째 요소인 **생산적 성향**은 아마 가장 익숙하지 않을 것이다. 문제를 확인하고 문제와 씨름하는 습관, 예와 반례를 구성하는 습관, 수학적 추측을 정당화하기 위해 노력하는 습관 등, 습관의 발달을 나타낸다.

킬패트릭의 접근에 대안으로, **변화가능차원**이란(1장을 보아라) 표현을 만든 마턴(Marton and Booth, 1997)은 학습은 각각의 차원 내에서 변화의 허용범위에 대한 인식뿐 아니라 과제, 기법, 개념, 맥락과 관련된 가능한 변화의 차원에 대한 인식의 확장이라 할 수 있다고 주장했다. 개념을 알고 사용할 수 있도록, 학습자는 그 개념에 대한 정의나 기준을 여전히 충족시키면서 변화시킬 수 있는 것은 무엇인지, 개념이 가장 유용하게 적용되는 상황의 특징은 무엇인지, 그것과 유용하게 관련된 기법은 무엇인지 알아야 한다.

6.2 수업 내에서, 수업 사이에서의 진전

3장, 4장에서 논의한 틀, **보기-경험하기-숙달하기, 행하기-말하기-기록하기, 조작하기-감각 획득하기-명료하게 표현하기, 비계설정과 교수 지원 줄이기**는 모두 변화해가는 학습에 대해 사고하는 방법을 제공한다. 새로운 경험으로써 학습 진보는 말한 것과 상상한 것을 기록하기, 처음에는 막연하고 애매했던 아이디어와 이해를 분명하게 하는 것뿐 아니라 말하고 행하면서 아이디어의 감각을 발현시키는 것을 돕는다. 어려운 점이 발생하면 학습자는 어떻게 돼가고 있는지 확인하기 위해 익숙한 대상과 상황을 회상해 보고 스스로 아이디어를 일반화하고 구성하려고 한다.

수업 내의 진전, 수업과 수업 사이에서 일어나는 진전은 다음과 같다.

- 새로운 아이디어, 주제, 전략, 접근과 마주하기
- 중요한 아이디어, 테마, 힘, 주제 그리고 (또는) 용어에 대한 심화된 경험
- 개념이미지의 발달
- 주제의 구조, 기법의 사용을 더 명확히 인식하고 (또는) 주제나 테크닉이 발생하기 쉬운 상황에 대해 더 명확히 인식하기

한 주제에 대한 연구는 이전의 주제에서 비롯된 생각이나 전략, 테크닉의 사용을 포함하여 설계 될 수 있고, 때로는 이전의 주제가 나타난 맥락을 통해, 또는 주제가 예가 되는 수학 테마에 의해 주제들이 서로 연결될 수 있다.

비계설정과 교수 지원 줄이기는 교사에게 학습자의 진전을 인식할 수 있도록 돕는다. 만약 교사가 학기 마지막에도 여전히 학기 초와 같은 종류의 질문을 하고 있다면, '교수 지원 줄이기'는 일어나지 않았을 것이고 학습자는 처음과 마찬가지로 오로지 교사에게 의존할 것이다.

그러나 만약 교사가 학습자에게 묻고 사용했던 질문을 학습자 스스로 사용한다면, 어떻게 수학을 학습하는지에 대한 인식이 진전되었다는 증거가 될 수 있다. 학습자는 새로운 주제에 독립적이며, 더 효과적이고 효율적으로 접근하게 될 것이다.

학습자의 수학적 사고가 진전했다는 증거는 학습자의 독립성의 증가로 볼

수 있다. 처음 그 주제를 학습하는 동안 유용한 예를 만들면서 교사에게 의존할지도 모르지만 적절한 도형을 그리거나 추측을 시험하고 반례를 제공하는 등 학습자 자신의 예를 구성하기 시작하면서 그 주제에 대한 진전의 증거를 보인다.

학습자는 자주성을 가지고 스스로 묻고 질문을 만들며, 막혔을 때 바로 교사에게 가기보다는 서로 도우면서, 점점 세련된 방법으로 자신의 타고난 많은 힘을 사용할 때 진전이 일어난다.

6.3 장기적 진전

장기적 진전은 학습과 같다. 그리고 비록 이 의미에서 진전이 의미하는 것을 정확히 잡아내는 것이 쉽지 않지만, 여러 수학 교육자들은 그럴듯한 이론들을 만들었다.

프로셉트procept라는 아이디어는 그레이와 톨(Gray & Tall, 1994)이 제안하였다. 이 개념은 명백한 인식 없이 수행한 행동이 점차 그 자체로 대상이 되는 학습자의 인식 속에서 일어나는 변화의 과정을 설명하기 위해 개발되었다. 행동에 내재된 '정리'와 '사실'이 논의되고 정당화될 수 있는 성질로 나타나는 동시에, 과정은 개념이 된다.

예를 들어, 대칭에 대한 학습자의 아이디어가 발달하는 과정을 생각해 보자. 학습자는 처음에 '양쪽이 같은' 대상들을 인식함으로써 대상의 대칭을 인식할 것이다. 거울의 이미지가 도형의 '다른 반쪽'과 일치한다는 본질적인 성질을 가지고, 거울을 사용하여 도형의 대칭을 볼지도 모른다. 점차적으로 거울 이미지를 그들이 마주했던 특정한 대상이 아닌 일반적 대상의 성질로 사고할 수 있을 것이다. '대칭선'의 개념은 반사와 함께 나타난다. 실제로, 특정한 대칭선에 반사된 것은 문자로 나타나고 다른 거울 반사와 그것을 결합함으로써 그 자체로 조작될 수 있는 대상이 된다.

스파드(Sfard, 1994)는 학습자의 인식의 변화를 이야기하기 위해 '대상이 되는 것'을 의미하는 **구상화**reification라는 용어를 사용하였다. 암묵적인 행동이 조작할 수 있는 수학적인 '실재'가 되어가는 행동으로 변하는 것을 의미한다. 프로이덴탈(1983, 1991)은 매우 비슷한 어떤 것을 나타내기 위해 용어 **간결화**condensation를 사용했다. 학습자들이 처음에 그것을 묘사하기 위해 많은 단어 심지어 많은 그림을 필요로 하지만 점차 단일한 상징이나 간결한 정의 또는 간편한 표시로 간결해진다. 예를 들어, 회전하는 풍부한 신체적 경험뿐 아니라 두 직선이(또는 두 곡선이) 만나는 점 주변 영역을 보는 방식을 개괄하는 '각'은 전문적인 용어가 된다.

반 힐러(1986)는 기하학의 맥락에서 시간이 흐르면서 구체화나 간결화가 생기는 방법을 연구했다. 반 힐러는 학습자 내에서 발생하는 발달을 기술했다. 학습자는 처음에 단지 전체적인 도형에 주의하고, 그 후에 그 일부를 식별하는 것으로 발달한다. 전체적인 도형의 외관이나 속성으로 부분을 보고, 후에 그러한 속성들 사이의 관계를 확인하는 것이 뒤따른다. 마지막으로 학습자는 전체적인 도형을 특징짓는 성질들의 관계를 확실히 확인할 수 있다.

위에서 고찰한 대칭의 예는 개략적 과정에만 적합하다. 각 '수준'에서, 본래 관심의 초점이었던 것은 다음 수준에서 고려하고 사용할 대상이 되며 결국 비형식적 또는 형식적인 추론을 이끈다. 하지만 수준에 대해 연속을 언급하는 것은 옳지 않다. 학습자가 어떤 수준에 도달하더라도 그 수준의 사고 방법만을 사용하지 않을 뿐 아니라 동시에 또는 연달아 모든 수준에 영향을 줄 것이다.

요약

진전은 능력과 기법의 유창성 발달 측면에서 측정될 수 있지만, 그러한 빈약한 관점은 학습자가 자신의 힘을 사용하고 자주성을 가지며 수학 주제와 사고과정에 대한 인식이 성장하면서 사고가 점차 정교해지는 것을 간과하기 쉽다.

이해의 진전에 대한 아이디어는 분명하게 정의되기 어렵다. 그 의미를 더욱 정교화하기 위해 여러 접근들이 논의되었다. 이 접근들은 수학을 특징짓는 말하기와 사고하기의 아이디어, 기법, 방법 등을 이해, 동화, 조절하면서 학습자의 수준에 스스로 민감해지기를 희망하는 교사들에게 유용하다고 밝혀졌다.

07

에필로그

Epilogue

가르치는 것의 핵심은 학습자와의 상호작용이다. 그 다음으로 중요한 것은 상호작용을 유용하게 할 수 있도록 준비하는 것이다. 학습자에 의한 활동은 교수학적으로 효과적인 상호작용을 위한 기회를 제공한다. 학습자가 자주성을 가지고 있을 때, 교수법은 학습자가 수학적으로 분석 가능한 현상을 탐구하는 데 수학적 힘을 이용할 수 있도록 가이드하고, 지지하고, 이끌어줄 수 있다.

과제는 활동을 만들고, 과제는 학습자가 교육과정과 주요 수학 테마 속에 내재된 중요 아이디어들을 학습할 수 있도록 구성된다. 학습자가 중요한 아이디어를 학습하는 것이 가능할 때마다 학습자는 동기가 부여된다. 발달한다는 것은 학습자가 점진적으로 수학적 힘과 주제를 정교하게 사용하는 것을 의미하고, 학교와 학교 밖에서도 기법과 사고의 방법과 관련된 힘을 사용할 기회에 민감해지는 것이다.

틀의 개수는 교사의 교수 준비, 수업 실행, 그리고 성찰이 효과적으로 이루어졌는지 보여주는 척도이다. 이러한 틀은 이 책 전반에 걸쳐 사용되었고 어떤 틀은 다른 틀에 비해 더 많이 사용되었다. 특히 가능한 변이 차원과 허용가능 범위와 관련된 사용 방법은 과제, 과제 제시, 기법, 개념 그리고 맥락이 어떻게 듀이의 용어인 '심리학적으로 작용하는지' 암묵적으로 제안하고 있다. 즉, 학습자와 관련하여 교육학적으로 효과적인 방법으로 가능한 변이 차원과 허용가능 범위가 어떻게 작용하는지 제안하고 있다.

우리는 여러분들이 이 책에서 제안하고 있는 아이디어를 충분히 고려하여 스스로 교수법을 개발하고, 과제를 설계하고 제시하는 데 도움이 되기를 바란다. 그렇게 되면 여러분들이 가르치는 학습자들과 점점 긍정적으로 상호작용하게 될 것이다.

찾아보기

[M]

Maths Talk · 164

[ㄱ]

가능성 · 89, 109, 124
간결화 · 195
감정 · 16, 17, 38
개념이미지 · 36
개념적 이해 · 191
개인과제 · 58
거꾸로 행하기 · 45
게임 · 103
고차원 심리적 과정 · 60
공동성 · 66
과제 · 19
관계적 이해 · 15
교과의 심리화 · 16
교사의 욕망 · 176
교수학적 계약 · 54
교수학적 변환 · 51, 61
구상화 · 19, 195
구성주의 · 60
깔때기 효과 · 162

[ㄴ]

내적 과제 · 57
내적, 외적 과제 사이의 구별 · 109

[ㄷ]

대수 · 41
도구적 이해 · 15
도전 · 106
동기 · 114
동기를 가진 행동 · 114
동화 · 140, 147

[ㅁ]

말하기 · 130, 173

메타—과제 · 57
명료하게 표현하기 · 59, 131
모순 · 103
무언가에 귀 기울이기 · 184
무엇을 들으려고 귀 기울이기 · 184
무엇을 위해 귀 기울이기 · 184
무작위성 · 37
밀리외 · 22, 48, 62

[ㅂ]
변화 · 27
변화가능차원 · 26, 30, 109, 192
변화허용범위 · 26, 30
보기-경험하기-숙달하기 · 56, 109, 192
복창 · 164
불변성 · 27
불안 · 134
비계 · 132
비계설정과 교수 지원 줄이기 · 133, 192

[ㅅ]
산술 · 41
상상 · 123
상징적 양식 · 18
생산적 성향 · 192
성찰 · 118
소집단 · 87
수 · 44
수용하기 · 15
순서 · 20
스키마 · 36
실행된 교육과정 · 50

[ㅇ]
영상적 양식 · 17, 18
외적 과제 · 57
원과 사각형 문제 · 74
의도된 교육과정 · 50
인식 · 16, 17, 38
일반화 · 124

[ㅈ]
잠재적 교육과정 · 50
절차적 유창성 · 192
정신 · 16
조작 · 127
조작하기-감각 획득하기-명료하게 표현하기 · 109, 192
조절 · 140, 147
종속을 이용한 통합 · 140
주장하기 · 15
주제 · 20
준비도 · 68
중재 · 115
중재자 · 181
진전 · 190
짝 · 87

[ㅊ]
초점질문 · 161
추측하는 분위기 · 65, 109

[ㅌ]
탐구 · 106
탐구적 · 166
틀 · 28, 30

[ㅍ]
포괄성 · 66
표현 · 127
프로셉트 · 194

[ㅎ]
학습 · 14
학습자 · 48
합 · 120
행동 · 16, 17, 38, 114
행동 속 이론 · 131
행동적 양식 · 17
행하기 · 77
행하기-말하기-기록하기 · 130, 192
활동 · 19, 114
활동 이론 · 22
획득된 교육과정 · 50